SEBASTIAN GREBE · SASCHA GRUNDMANN
FRANK PHILLIPPS

CRASH KURS BÖRSE

Börsenbuch verlag

Copyright 2008 der Originalausgabe:
© Börsenmedien AG, Kulmbach

Copyright 2016 der überarbeiteten und aktualisierten Neuausgabe:
© Börsenmedien AG, Kulmbach

4. Auflage 2023

Covergestaltung: Johanna Wack
Gestaltung und Satz: Jürgen Hetz, Denksportler Grafikmanufaktur
Herstellung: Daniela Freitag
Lektorat: Egbert Neumüller
Druck: CPI books GmbH, Leck, Germany

ISBN 978-3-86470-365-2

Bibliografische Information der Deutschen Nationalbibliothek:
Die Deutsche Nationalbibliothek verzeichnet diese Publikation in der
Deutschen Nationalbibliografie; detaillierte bibliografische Daten
sind im Internet über <http://dnb.d-nb.de> abrufbar.

BÖRSEN W MEDIEN
AKTIENGESELLSCHAFT

Postfach 1449 • 95305 Kulmbach
Tel: +49 9221 9051-0 • Fax: +49 9221 9051-4444
E-Mail: buecher@boersenmedien.de
www.boersenbuchverlag.de
www.facebook.com/plassenbuchverlage
www.instagram.com/plassen_buchverlage

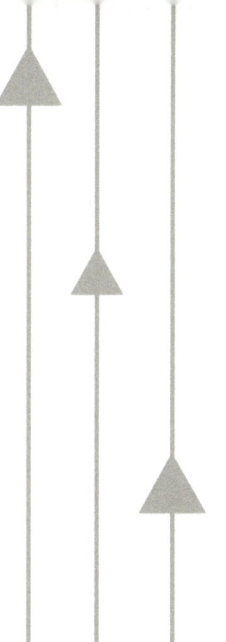

INHALT

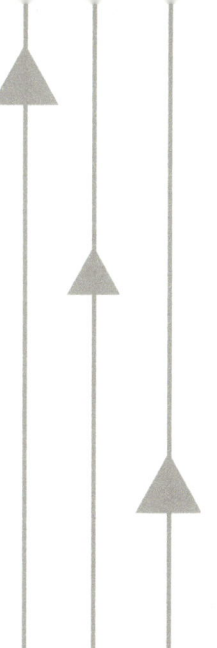

VORWORT

Liebe Leserin, lieber Leser,

die Älteren unter Ihnen mögen sich vielleicht noch dunkel erinnern: Es gab einmal eine Zeit, da war das Sparen eine einfache Angelegenheit. Man deponierte sein Geld auf dem Sparbuch, und bei durchschnittlich ungefähr drei Prozent pro Jahr Verzinsung wurde aus diesem Kapital im Laufe der Zeit, auch dank des Zinseszinseffekts, ein immer größerer Betrag. Nach diesem Prinzip bauten ganze Generationen ihre Altersvorsorge aus. Unkompliziert und risikolos. Ohne viel nachzudenken, geschweige denn sich großartig über Alternativen Gedanken zu machen. Man mag es kaum glauben, aber diese Zeit ist gar nicht so lange her.

Heute ist die Situation eine andere. Unter anderem um die Folgen der weltweiten Finanzkrise des Jahres 2008 zu bewältigen, haben die weltweiten Notenbanken mittlerweile verschiedene Hebel in Bewegung gesetzt. Einer davon war, die Leitzinsen zu senken. Die Folge: Mit nahezu allen Zinsen ging es bergab – und somit auch mit dem Zins auf die Einlagen der Sparer. Sparbuch, Tages- und Festgeld reichen damit mittlerweile nur noch mit Mühe – wenn überhaupt – aus, um die Inflation auszugleichen. Das traurige Ergebnis: Unter dem Strich bleibt dem Sparer kaum etwas.

Nun ist es so, dass dieser Anlagenotstand auch Profiteure hat. Etwa den Aktienmarkt der Jahre 2012 bis 2015, als die Börsen weltweit nahezu ausnahmslos stiegen und stiegen. Immer wieder waren in den Medien Schlagzeilen von neuen Rekordständen von DAX und Co zu lesen. Doch richtig Geld verdient haben damit paradoxerweise fast nur diejenigen, die ohnehin schon reich waren. Weil sie zu den wenigen gehörten, die in den Aktienmarkt investiert hatten. Der Aufschwung an den Börsen ist am „normalen" Sparer vorübergegangen. Weil dieser in der Regel schlichtweg nicht in Aktien investiert ist.

Zwar nimmt die jahrelang peu à peu gesunkene Reputation von Aktien beim deutschen Durchschnittsbürger ganz langsam wieder zu, so haben im Jahr 2015 immerhin rund neun Millionen Deutsche in Aktien oder Aktienfonds investiert, nach nicht einmal achteinhalb im Vorjahr. Doch angesichts einer Gesamtbevölkerung von Deutschland von über 80 Millionen weist das Deutsche Aktieninstitut (DAI) in aller Regelmäßigkeit zu Recht darauf hin, dass eine gewisse Ignoranz der Deutschen in Sachen Aktien bestehen bleibt. Und diese Ignoranz ist hartnäckig – und wenig sinnvoll. So legt das DAI ebenfalls schon seit Jahrzehnten anhand von Statistiken dar, dass Aktien auf lange Sicht eine der besten Geldanlagen sind. Worin liegt also das Problem der Deutschen mit der Aktie begründet?

Als eine der Ursachen dafür lässt sich die Angst identifizieren. Viele Anleger, speziell deutsche, sind in der Zeit um die Jahrtausendwende im Zuge des Platzens der sogenannten Internetblase am Neuen Markt mit ihren Depots ordentlich unter die Räder gekommen. Die Erfahrungen, die sie damals machten, haben viele Deutsche, die sich erstmals am Aktienmarkt versucht hatten, womöglich für immer davon vertrieben. Und wer die Energie hatte, dabeizubleiben, dem wurden spätestens durch die Finanzkrise und in deren Folge durch die Euro-Schuldenkrise erneute Wunden ins Depot gerissen – und damit in das Vertrauen in Aktien.

Wir glauben allerdings, dass selbst an der Börse Wunden heilen. Und dass sie auch heilen müssen, da die Alternativen zu Aktien wie Sparbuch, Fest- und Tagesgeld aus den genannten Gründen seit einigen Jahren keine mehr sind. Wir vermuten auch, dass sich viele Deutsche von der Börse fernhalten, weil sie einfach nicht wissen, was es mit ihr auf sich hat. Sie sind sich nicht im Klaren darüber, welche umfangreichen Chancen Aktien bieten, sind sich allerdings hundertprozentig sicher, dass diese mit extremen Risiken behaftet sind. Genau hier setzt „Crashkurs Börse" an. Dieses Buch klärt auf, was die Börse und ihre Risiken sind, was den Aktienmarkt ausmacht und wie man ihn als Anleger nutzen kann – ob für die Altersvorsorge, um sich kleine Träume zu erfüllen, aus Neugier oder einfach aus Spaß. „Crashkurs Börse" greift verschiedene Facetten auf: Das Buch stellt die grundlegenden Mechanismen an der Börse vor, wie der Handel funktioniert und welche psychologischen Momente dem Anleger im Wege stehen.

Damit wir uns richtig verstehen: „Crashkurs Börse" ist kein mit Scheuklappen gehaltenes Plädoyer für den Aktienmarkt. Mit diesem Buch wollen wir diejenigen unterstützen, die sich selbst ein Bild darüber machen wollen, wie Börse funktioniert, und die mit diesem Wissen dann für sich entscheiden sollen, ob ein Aktienengagement das Richtige für sie ist – oder eben nicht. Der Umstand, dass hier mittlerweile die vierte Auflage von „Crashkurs Börse" vor Ihnen liegt, gibt uns recht, zeigt er uns doch auch, dass durchaus Interesse an der Börse vorhanden ist – und eben auch der Bedarf an Basiswissen zu diesem mitunter von Fachsprache nur so triefenden Thema.

Kurz vor Beginn der Arbeiten zu dieser vierten Auflage verstarb einer der Mitautoren, unser Freund und ehemaliger Kollege Frank Phillipps. Wir werden die Zeit mit ihm nicht vergessen und hoffen, mit dieser aktualisierten und um einige Aspekte ergänzten Auflage unser gemeinsames Werk auch in seinem Sinne weiterentwickelt zu haben.

Kulmbach, im Juni 2016
Sebastian Grebe, Sascha Grundmann

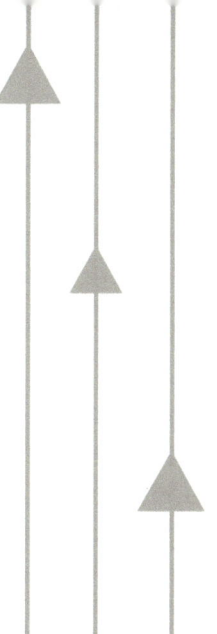

KAPITEL 1

HISTORIE

J ede Geschichte hat einen Anfang. Und wenn Sie beginnen, ein neues Buch zu lesen, dann werden Sie in den seltensten Fällen in der Mitte oder am Ende starten. Sie tun gut daran, den Anfang zu kennen, den Ursprung, aus dem sich die Handlung entwickelt hat. So ist es auch bei der Geschichte der Börse. Auch an der Börse ist es durchaus nützlich, sich klarzumachen, wo ihre Ursprünge liegen, aus welchen Entwicklungen sie hervorgegangen ist und welche Faktoren sie in den letzten Jahrhunderten maßgeblich beeinflusst haben. Dies beginnt bereits mit der Frage, woher eigentlich der Name „Börse" kommt. Die Beantwortung dieser Frage führt uns ins Belgien der frühen Neuzeit.

Woher kommt der Begriff „Börse"?

Warum die Börse „Börse" heißt, ist bis heute nicht endgültig geklärt. Es gibt jedoch drei unterschiedliche Theorien. Und die weisen alle ins heutige Belgien: Der Begriff „Börse" könnte sich demnach vom Namen der belgischen Patrizierfamilie De Bourse ableiten. Vor deren Haus in Brügge sollen sich im 16. Jahrhundert regelmäßig Kaufleute, vornehmlich aus Italien, zu Geschäftsgesprächen getroffen haben. Einer anderen

Deutung zufolge soll der Begriff „Börse" aus der Verschmelzung des Familiennamens Van der Beurse, ebenfalls eine belgische Patrizierfamilie, mit dem lateinischen Wort „bursa" (Fell, Ledersack) entstanden sein. Schließlich könnte das Wort „Börse" auch eine Abänderung des Namens für den Marktplatz „ter buerse" der belgischen Stadt Brügge sein.

Die ältesten Börsen der Welt

Dass bei der Namensetymologie alle Spuren ins heutige Belgien weisen, genauer gesagt nach Brügge, ist kein Zufall. Denn hier – und da sind sich die Gelehrten einig – wurde im Jahr 1409 die erste Börse überhaupt gegründet. Von der Börse, wie wir sie heute kennen, war die in Brügge jedoch noch weit entfernt. Vielmehr war sie eine Fortentwicklung der Warenmärkte und -messen, auf denen schon im Mittelalter in unregelmäßigen Abständen Handel getrieben wurde.

Die älteste Börse Deutschlands wurde 1540 in Augsburg gegründet, maßgeblich beeinflusst von der Handelsfamilie Fugger, die seit 1367 in Augsburg ansässig und vor allem für ihre Tuchwaren berühmt war. Auf Druck der Nationalsozialisten fusionierte die Augsburger Börse 1935 mit der Börse München zur Bayerischen Wertpapierbörse mit Sitz in München. Die Augsburger Börse wurde geschlossen, das Gebäude in der Maximilianstraße bei einem Luftangriff im Jahr 1944 fast vollständig zerstört. Die Ruine wurde später komplett abgetragen. Heute ist das Gelände Teil des neuen Rathausplatzes.

Die erste „moderne" Börse

Als Wiege des modernen Börsen- und Aktienwesens gelten jedoch unter Experten bis heute die Niederlande zur Kolonialzeit. In der Hafenmetropole Amsterdam wurde 1613 die erste Börse moderner Prägung eröffnet. Unter anderem wurden hier die Anteilscheine der Holländisch-Ostindischen Kompanie gehandelt, die als erste Aktiengesellschaft der Welt gilt. Die Gesellschaft wurde 1602 in den Niederlanden gegründet und trieb Überseehandel mit Gewürzen, Sklaven und allerlei mehr.

Die Schifffahrtsexpeditionen in fremde Länder dauerten nicht nur viele Monate und waren sehr risikoreich, sondern auch ausgesprochen teuer. Schließlich mussten die Schiffe, die Mannschaften und der Proviant vorab bezahlt werden. Aus diesem Grund suchte das Unternehmen nach Geldgebern – und fand sie an der Börse. Für einen bestimmten Betrag kauften die Geschäftsleute Anteile am Unternehmen. Mit dem Geld finanzierte die Holländisch-Ostindische Kompanie ihre Expedition und garantierte dem Anteilseigner damit gleichzeitig einen bestimmten Anteil vom Gewinn, sollte das Schiff wohlbehalten zurückkehren und sollten sich die Waren entsprechend absetzen lassen.

Heute noch erhaltene Aufzeichnungen über die Entwicklung des Aktienkurses der Holländisch-Ostindischen Kompanie zeugen davon, dass damals der Aktienhandel besonders stark von Spekulationen getrieben wurde. Noch vor Ende der Zeichnungsfrist notierte die Aktie des Unternehmens schon 15 Prozent über ihrem eigentlichen Nennwert. Tagesschwankungen von 30 Prozent in die eine oder andere Richtung waren keine Seltenheit. Kein Wunder, schließlich tickten die Uhren damals noch ganz anders als heute. Es gab kein Telefon oder Internet, über das man zuverlässige und unabhängige Informationen erhalten konnte. Informationen, die den Kurs beeinflussen konnten, wie etwa der Untergang eines Schiffes mitsamt der wertvollen Ladung, erreichten die Anleger erst mit Verzögerungen von Monaten. Zudem wurden die Informationen per Mundpropaganda weitergegeben und somit oft verfälscht. Auch dies konnte zu heftigen Kursschwankungen führen.

Ähnlich wie in den Niederlanden entwickelte sich auch in Großbritannien früh ein Aktienwesen. Mit der East India Company nahm 1613 erstmals ein Unternehmen die Form einer Aktiengesellschaft an. Die Handelsgesellschaft, ihren niederländischen Pendants ähnlich, trieb vor allem Handel mit der Kolonie Indien und bestand noch bis ins Jahr 1858.

Eisenbahn als Motor in den USA

Als erste Aktiengesellschaft der Vereinigten Staaten von Amerika gilt heute The Philadelphia Contributionship for Insuring Houses from Loss by Fire. Sie wurde im Jahr 1751 gegründet. Hinter dem sperrigen Namen verbarg sich im Grunde etwas sehr Einfaches, nämlich ein Unternehmen, das Versicherungen gegen Brandschäden anbot.

Für den Durchbruch des Aktienwesens in den USA sorgte jedoch etwas anderes: der Eisenbahnbau. Die infrastrukturelle Erschließung des riesigen Kontinents durch die Eisenbahn verschlang Unsummen. Die riesigen Beträge konnten nur aufgebracht werden, indem man Aktien ausgab und so viele kleinere Vermögen zu einem großen bündelte.

Vor diesem Hintergrund ist es kein Wunder, dass der erste Aktienindex der USA den Namen Dow Jones Railroad Average trug. Er wurde von Charles Dow am 3. Juli 1884 erstmals veröffentlicht und ist damit der älteste US-Aktienindex. Von elf gelisteten Gesellschaften handelte es sich bei neun um Eisenbahnunternehmen wie etwa Union Pacific Railroad oder New York Central Railroad. Der Index besteht bis heute, wurde jedoch 1970 in Dow Jones Transportation Average umbenannt. Nachdem sie über Jahrzehnte ein eher stiefmütterliches Dasein führten, erfreuen sich Eisenbahn-Aktien mittlerweile wieder eines größeren Interesses, spätestens seit Investorenlegende Warren Buffett (siehe auch Seite 176) im Jahr 2009 mit seinem Milliarden-Dollar-Engagement bei der US-Eisenbahngesellschaft Burlington Northern Santa Fe für Schlagzeilen sorgte.

Deutschland im Hintertreffen

Während also im übrigen Europa und den USA das Aktienwesen florierte, führte es in Deutschland lange Zeit das Dasein eines Mauerblümchens. Als erste deutsche Aktiengesellschaft gilt die Handels-Compagnie auf den Küsten von Guinea. Sie wurde 1682 vom Kurfürsten von Brandenburg gegründet. Zwei Jahre später hatte man das Kapital, insgesamt 48.000 Taler, für den Kauf und die Ausrüstung der Handelsflotte beisammen. Die Geldgeber wurden als Aktionisten bezeichnet, wovon sich das heutige Wort „Aktionär" ableitet. Für ihr zur Verfügung gestelltes Kapital bekamen die Investoren ein Formular ausgehändigt, das die Höhe ihres Engagements bestätigte. Die erste Aktie war geboren.

Die Unternehmungen der Deutschen verliefen jedoch wenig erfolgreich. Schiffsuntergänge und Kaperungen durch Piraten machten aus dem eigentlich profitablen Handel mit Gewürzen und anderen Rohstoffen ein riesiges Verlustgeschäft. Im Jahr 1700 fuhren nur noch elf der einst 34 Schiffe. 1711 ging die Handels-Compagnie auf den Küsten von Guinea in staatlichen Besitz über. König Friedrich I. beschloss daraufhin, die Geschäftstätigkeit einzustellen. Im Vergleich mit anderen Kolonialmächten wie den Niederlanden oder Großbritannien blieb Deutschland in Sachen Aktienwesen lange im Hintertreffen.

Für den eigentlichen Durchbruch der Aktie sorgte auch hierzulande der Eisenbahnbau. Aktien auf die erste deutsche Eisenbahnstrecke zwischen Nürnberg und Fürth, die 1835 in Betrieb genommen wurde, entpuppten sich als Riesenerfolg. Investoren konnten damit eine Rendite von bis zu 400 Prozent erzielen. In der Folge schossen Eisenbahngesellschaften wie Pilze aus dem Boden. Innerhalb eines Jahres entstanden in Deutschland 20 neue Aktiengesellschaften rund um das Thema Eisenbahn.

Mit dem Fortschreiten der Industrialisierung setzte sich das Aktienwesen auch in Deutschland immer weiter durch. Der Aufbau von Industrieanlagen und die Beschaffung von Rohstoffen erwiesen sich als so kapitalintensiv, dass sie von einzelnen Unternehmen oder Banken nicht mehr gestemmt werden konnten. Auch hier lag die Lösung in der Emission von Aktien. Zu diesem Zweck wurden Mitte des 19. Jahrhunderts auch sogenannte Aktienbanken gegründet, die sich auf die Finanzierung von Unternehmen durch die Ausgabe von Aktien spezialisierten. Auch heute noch bestehende Banken wie die Deutsche Bank und die Commerzbank sind aus dieser Entwicklung hervorgegangen.

Die wichtigsten Börsen von heute

Mythos Wall Street – die bedeutendste Börse der Welt

Die bedeutendste Börse der heutigen Zeit befindet sich in den USA. Hinter den Säulen der Fassade, die einem griechischen Tempel der Antike nachempfunden ist, ist in der weltberühmten Wall Street die New Yorker Börse zu Hause. Im Jahr 1863 erhielt sie ihren heutigen Namen New York Stock Exchange (kurz: NYSE) und residiert seit 1903 unter der Adresse 11 Wall Street, New York NY 1005, USA. Ihre Anfänge reichen jedoch weit länger, bis ins Jahr 1792, zurück.

Am 17. Mai 1792 kamen in der Wall Street 24 Broker zusammen. Sie kamen überein, ihren Kunden beim Kauf und Verkauf von Wertpapieren zukünftig eine Gebühr von einem Viertelprozent des Transaktionsvolumens zu berechnen. Als sogenanntes Buttonwood-Abkommen ging diese Übereinkunft in die Geschichte ein. Der Name leitet sich vom Buttonwood-Baum ab, unter dem die Verträge damals unterzeichnet worden sein sollen.

Als die New Yorker Börse 1792 ihre Tore erstmalig öffnete, wurden gerade einmal fünf verschiedene Wertpapiere gehandelt: drei US-Staatsanleihen, die zwei Jahre zuvor ausgegeben worden waren, und die Anteilscheine zweier Banken, darunter die Bank of New York. In den ersten 100 Jahren ihres Bestehens wechselten an der New Yorker Börse oft nur wenige Aktien am Tag ihren Besitzer. In ihrer Liste der Rekorde führt die NYSE den 16. März 1830 als den Tag mit dem geringsten jemals gemessenen Handelsvolumen. An diesem Tag wurden 31 von insgesamt 80 Millionen Aktien gehandelt.

In der Zwischenzeit hat sich dieses Bild jedoch erheblich gewandelt. Im Jahr 2008 waren es bereits über 3.500 Firmen, die ihre Aktien an der New Yorker Börse verkauften. Täglich werden an der NYSE derzeit mehr als fünf Milliarden Wertpapiere gehandelt. Als Tag mit dem höchsten jemals gemessenen Handelsvolumen steht bislang der 10. Oktober 2008 in den Annalen. An diesem Tag wurden an der NYSE exakt 7,341,505,961 Aktien umgesetzt, also gut 7,3 Milliarden.

Im Frühjahr 2007 schloss sich die NYSE mit der europäischen Euronext zusammen und firmierte von da an unter dem Namen NYSE Euronext. Gemeinsam bildeten die beiden vereinigten Unternehmen den ersten weltumspannenden Börsenplatz. Die Fusion von NYSE und Euronext führte dazu, dass sich andere Börsen auf die Suche nach möglichen Partnern begaben, um eine kritische Masse zu erreichen und dem amerikanisch-europäischen Konkurrenten Paroli zu bieten, allerdings mit eher mäßigem Erfolg. Doch auch die Ära der NYSE Euronext war nicht von langer Dauer: Nachdem eine Fusion mit der Deutschen Börse im Februar 2012 von der EU-Kommission untersagt worden war, wurde NYSE Euronext Ende desselben Jahres von einem weiteren Börsenbetreiber, der IntercontinentalExchange (ICE), übernommen. ICE wiederum spaltete Euronext 2014 ab – und machte somit die Fusion von 2007 wieder rückgängig.

Die New Yorker Börse war auch Schauplatz legendärer Börsencrashs. Der sicherlich folgenschwerste Zusammenbruch ereignete sich im Jahr 1929. Zunächst ließen nur leichte Sorgen um die Konjunktur die Kurse an der NYSE bereits seit mehreren Wochen fallen, als am 24. Oktober die nackte Panik um sich griff und Anleger dem Aktienmarkt fluchtartig den Rücken kehrten. Dieser Tag ging in den USA als „Schwarzer Donnerstag" in die Börsengeschichte ein. Weil es durch die Zeitverschiebung in Übersee erst am nächsten Handelstag zum Einbruch kam, kennen Europäer diesen Tag als „Schwarzen Freitag".

Der 24. Oktober stellte den Anfangspunkt einer Abwärtsbewegung dar, die erst im Sommer 1932 ihren Tiefpunkt erreichen sollte: Am 8. Juli 1932 markierte der Dow Jones Index seinen Tiefstand und notierte fast 90 Prozent unter seinem Höchststand vom September 1929. Der Börsencrash von 1929 gilt als Auslöser für die Weltwirtschaftskrise, die die sogenannten „Goldenen Zwanziger" ein für alle Mal beendete.

Der Dow Jones – der Leitindex der Welt

Der Leitindex der New Yorker Börse ist der Dow Jones Industrial Average, kurz Dow Jones oder auch nur Dow. Das Börsenbarometer wurde von Charles Henry Dow und Edward David Jones, den Gründern des *Wall Street Journals*, als sogenannter Kursindex ins Leben gerufen, um die Entwicklung des US-Aktienmarkts zu dokumentieren. Als der Index am 26. Mai 1896 zum ersten Mal veröffentlicht wurde, waren in ihm elf Unternehmen gelistet. Heute sind im Dow Jones 30 der größten US-Konzerne enthalten. Von den elf Gründungsmitgliedern ist heute nur noch General Electric im Index vertreten. Der US-Mischkonzern war mit einer kurzen Unterbrechung von 1898 bis 1907 immer im Dow Jones

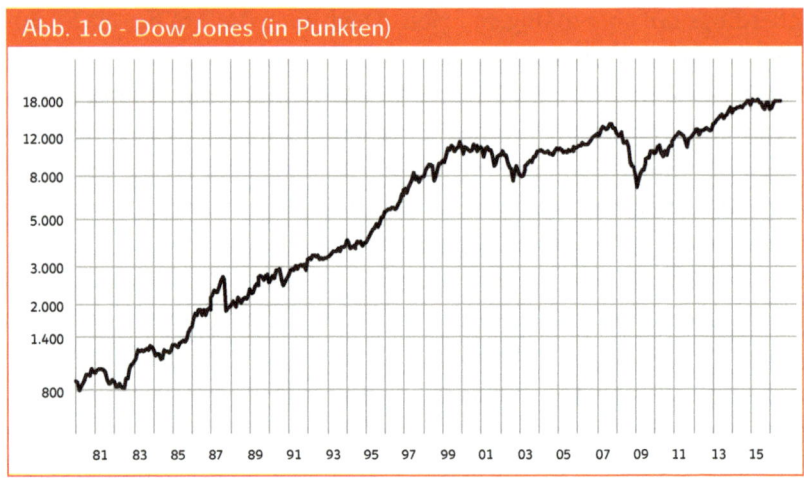

Abb. 1.0 - Dow Jones (in Punkten)

gelistet. Die Auswahl der Titel trifft heute ebenso wie damals die Redaktion des *Wall Street Journals.*

Bei seiner Auflegung im Mai 1896 notierte der Dow Jones bei 40,94 Punkten. Seinen tiefsten Stand erreichte das Börsenbarometer nur zwei Monate später bei 28,84 Punkten. Den höchsten jemals erreichten Stand notierten die Historiker bisher bei rund 18.622 Punkten im Juli des Jahres 2016. Den nach Punkten größten Anstieg innerhalb eines Tages erlebte der Dow Jones am 13. Oktober 2008, als er binnen weniger Stunden um 936 Punkte in die Höhe schoss. Den höchsten Verlust nach Punkten beklagte der Dow nur wenige Tage vorher, am 29. September desselben Jahres. Damals ging es für den Index in wenigen Stunden um knapp 778 Zähler in die Tiefe. Diese historisch heftigen Kursschwankungen innerhalb weniger Tage waren allesamt Folgen der US-Immobilienkrise.

Der Dow Jones Industrial Average ist nicht nur einer der ältesten Indizes der Welt, sondern er gilt bis heute als einer wichtigsten. Da die US-Wirtschaft nach wie vor als Maßstab für die Weltwirtschaft fungiert, orientieren sich auch die meisten anderen Börsenbarometer rund um den Globus weitgehend am Dow Jones.

Die Dow-Jones-Unternehmen im Überblick

Name	WKN	Kürzel	Marktkap. In Mrd.	Branche
3M	851745	MMM	108,7 US-Dollar	Mischkonzern
American Express	850226	AXP	60,0 US-Dollar	Finanzen
Apple	865985	AAPL	530,6 US-Dollar	Technologie
Boeing	850471	BA	82,9 US-Dollar	Industrie
Caterpillar	850598	CAT	46,5 US-Dollar	Maschinenbetrieb
Chevron	852552	CVX	201,0 US-Dollar	Energie
Cisco Systems	878841	CSCO	149,6 US-Dollar	Technologie
Coca-Cola	850663	KO	197,9 US-Dollar	Nahrung
DuPont	852046	DD	57,8 US-Dollar	Chemie
Exxon Mobil	852549	XOM	393,4 US-Dollar	Energie
General Electric	851144	GE	297,6 US-Dollar	Mischkonzern
Goldman Sachs	920332	GS	68,7 US-Dollar	Banken
Home Depot	866953	HD	166,2 US-Dollar	Handel
IBM	851399	IBM	151,7 US-Dollar	Technologie
Intel	855681	INTC	165,3 US-Dollar	Technologie
Johnson & Johnson	853260	JNJ	338,3 US-Dollar	Pharma
JPMorgan Chase	850628	JPM	231,0 US-Dollar	Banken
McDonald's	856958	MCD	107,8 US-Dollar	Konsum
Merck & Co	A0YD8Q	MRK	164,8 US-Dollar	Pharma
Microsoft	870747	MSFT	420,6 US-Dollar	Software
Nike	866993	NKE	97,7 US-Dollar	Konsum
Pfizer	852009	PFE	220,2 US-Dollar	Pharma
Procter & Gamble	852062	PG	228,6 US-Dollar	Konsum
Travelers	A0MLX4	TRV	34,5 US-Dollar	Versicherer
United Technologies	852759	UTX	88,0 US-Dollar	Mischkonzern
UnitedHealth	869561	UNH	134,5 US-Dollar	Dienstleistungen
Verizon Communications	868402	VZ	228,3 US-Dollar	Telekommunikation
Visa	A0NC7B	V	184,7 US-Dollar	Finanzen
Wal-Mart	860853	WMT	229,5 US-Dollar	Handel
Walt Disney	855686	DIS	162,1 US-Dollar	Medien

Stand 14.07.16

Die Nasdaq – mit Computern zum Erfolg

New York ist jedoch nicht nur Heimat der bedeutendsten Börse der Welt, sondern hier ist auch – gemessen an der Zahl der an ihr gelisteten Unternehmen – die größte Börse der Welt zu Hause: die National Association of Securities Dealers Automated Quotations oder kurz und prägnant Nasdaq. An der Nasdaq, die 1971 als erste vollelektronische Handelsplattform an den Start ging, sind derzeit Aktien von mehr als 3.000 Unternehmen gelistet. Viele von ihnen stammen aus dem Technologiesektor, weshalb häufig von der „Technologiebörse Nasdaq" gesprochen wird. Zu den an der Nasdaq gelisteten Firmen zählen so bekannte Namen wie Amazon, Ebay oder Alphabet (früher Google).

Täglich wechseln an der Nasdaq im Durchschnitt etwa zwei Milliarden Aktien den Besitzer. Als Tag mit dem größten Handelsvolumen steht bisher der 26. Juni 2009 in den Geschichtsbüchern. An diesem Tag wurden an der Nasdaq 5.214.013.855 Aktien gehandelt. Als Leitindex der Computerbörse Nasdaq fungiert der Nasdaq Composite Index. Durch ihn wird die Wertentwicklung aller 3.100 im Index enthaltenen Titel abgebildet. Aufgelegt wurde der Nasdaq Composite am 5. Februar 1971 bei einer Basis von 100 Punkten.

Bis er die Marke von 500 Punkten geknackt hatte, brauchte der Nasdaq Composite fast exakt 20 Jahre. Am 12. Februar 1991 schloss

Abb. 1.1 - Nasdaq Composite (in Punkten)

der Index erstmals bei 501,62 Punkten. Danach beschleunigte sich die Aufwärtsbewegung. Die 1.000-Punkte-Marke fiel im Sommer 1995, 2.000 Punkte waren im Juli 1998 erreicht. Danach ging es Schlag auf Schlag: Im Sog der Euphorie um Internet- und andere Technologiewerte, der sogenannten Dotcom-Blase, fielen im Jahresverlauf 1999 die Marken von 3.000 und 4.000 Punkten. Einen besonderen Meilenstein erreichte der Index auf dem Höhepunkt des Dotcom-Booms im März 2000. Am 10. März kletterte das Technologieaktien-Barometer im Tagesverlauf auf 5.132,52 Punkte. Der Schlussstand betrug 5.048,62 Punkte – und bedeutete gegenüber der Auflegung im Jahr 1971 ein Plus von fast 5.000 Prozent.. So hoch ging der Nasdaq Composite danach lange nicht mehr aus dem Handel: Im Zuge des Platzens der Dotcom-Blase stürzte der Index in die Nähe der 1.000-Punkte-Marke ab – es dauerte mehr als ein Jahrzehnt, bis er im April 2015 wieder das Hoch des Jahres 2000 überschritt. Den bisher höchsten Stand erklomm er im Juli 2015 bei 5.231 Punkten

Den höchsten prozentualen Tagesverlust musste der Nasdaq Composite am 19. Oktober 1987 hinnehmen. Das Minus lag damals bei 11,4 Prozent. Den höchsten prozentualen Zuwachs binnen eines Tages verzeichnete der Index am 3. Januar 2001 mit einem Gewinn von 14,2 Prozent. Für Anleger ist der Handel an der Nasdaq börsentäglich zwischen 15:30 und 22:00 Uhr Mitteleuropäischer Zeit möglich.

Die Frankfurter Wertpapierbörse – der wichtigste Börsenplatz in Deutschland und Europa

Nomen est omen: „Börsenplatz" lautet die Adresse der Wertpapierbörse in Frankfurt am Main. Die Frankfurter Börse ist nicht nur in Deutschland unangefochtener Platzhirsch, sondern hat auch im europäischen Vergleich die Nase vorn. Heute werden an der Frankfurter Wertpapierbörse über eine Million verschiedene Wertpapiere gehandelt – von der Aktie über Fonds und Zertifikate bis hin zu Anleihen. Ihre Wurzeln hat die Frankfurter Börse jedoch im Devisenhandel.

Als Geburtsjahr der Frankfurter Wertpapierbörse gilt 1585. In diesen Zeiten des Deutschen Reiches wurde in jedem einzelnen Territorium mit einer anderen Währung gezahlt. Damals kamen in Frankfurt Kaufleute zusammen, um ein einheitliches Wechselkurssystem zu beschließen und so einen fairen Handel zu gewährleisten sowie den damals weitverbreiteten Währungsbetrügereien Einhalt zu gebieten. Historiker haben die Ursprünge der Frankfurter Börse sogar noch weiter bis ins tiefste Mittelalter zurückverfolgt.

Sie gehen davon aus, dass die um 1150 erstmalig erwähnte Frankfurter Herbstmesse, bei der wohl Waren der jüngsten Ernte an den Mann gebracht wurden, als Keimzelle der heutigen Frankfurter Wertpapierbörse gelten kann.

Der Devisenhandel blieb dann auch lange der bedeutendste Geschäftsbereich der Frankfurter Börse. Erst Ende des 17. Jahrhunderts begann der Handel mit Schuldscheinen und Anleihen. Erstmals konnten auch Privatleute am Börsenhandel teilhaben. Anfang des 19. Jahrhunderts avancierte die Frankfurter Wertpapierbörse endgültig zu einem Finanzplatz von weltweiter Geltung. Zu verdanken war dies insbesondere dem großen Einfluss des Bankhauses Rothschild, das maßgeblich die europäischen Fürstenhäuser in Europa finanzierte. Durch die beiden Weltkriege arg in Mitleidenschaft gezogen, konnte die Frankfurter Börse erst nach der Währungsreform im Jahr 1948 wieder an Bedeutung gewinnen. Als 1956 auch der Handel mit ausländischen Wertpapieren wieder erlaubt wurde, trug die Börse ihr Teil zum deutschen Wirtschaftswunder bei und stieg wieder in die erste Reihe deutscher und europäischer Börsen auf.

Dort ist sie heute nicht mehr wegzudenken. Allein hierzulande werden 98 Prozent aller Transaktionen mit deutschen Standardwerten über den Parketthandel der Frankfurter Börse oder über deren elektronische Handelsplattform Xetra abgewickelt. Apropos Standardwert: Die Deutsche Börse AG, Trägerin und Betreiberin der Frankfurter Wertpapierbörse, ist seit Dezember 2002 selbst ein solcher. Im Februar 2001 an die Börse gekommen, stieg die Deutsche Börse AG Ende 2002 in den deutschen Leitindex DAX auf.

Neben der Frankfurter Wertpapierbörse gibt es in Deutschland eine Handvoll weiterer Börsenplätze, die auch als Regionalbörsen bezeichnet werden. Hier werden unter anderem Aktien regionaler Unternehmen gehandelt. Manche Regionalbörsen haben sich jedoch auch auf einzelne Marktsegmente spezialisiert. So ist die Börse Stuttgart vor allem für ihren Derivatehandel bekannt. Die Börse Berlin hingegen zeichnet sich vor allem durch ihren hohen Umsatz mit Aktien internationaler Unternehmen aus.

Der DAX – Deutschlands Barometer für Standardwerte

Was für die Amerikaner der Dow Jones ist, ist für den deutschen Börsianer der DAX (kurz für Deutscher Aktienindex). Der Leitindex der deutschen Börse wurde 1988 als Koproduktion der Arbeitsgemeinschaft Deutscher Wertpapierbörsen, der Frankfurter Wertpapierbörse und der *Börsen-Zeitung* aufgelegt. Im DAX gelistet sind die 30 deutschen Unternehmen, die den höchsten Börsenwert, auch Marktkapitalisierung genannt, und gleichzeitig den höchsten Börsenumsatz aufweisen. Letzterer wird ermittelt, indem die tatsächlich an der Börse innerhalb eines Tages oder eines Monats gehandelten Stücke mit dem Aktienkurs multipliziert werden. Da Aktienkurs und Handelsvolumen schwanken, prüft die Deutsche Börse im Allgemeinen einmal pro Jahr, ob die aktuelle Zusammensetzung noch den reellen Anforderungen entspricht. Wenn nicht, erfolgt meist im September eine Indexanpassung. Neu in den Index aufsteigen kann ein Unternehmen, dessen Börsenwert auf der Rangliste unter den Top 30 rangiert. Voraussetzung ist allerdings, dass ein aktuelles DAX-Mitglied zeitgleich auf Position 35 oder schlechter zurückgefallen sein muss. Zudem müssen alle Unternehmen, die in den DAX wollen, die Kriterien erfüllen, die die Deutsche Börse für den sogenannten Prime Standard als Mindestanforderungen gestellt hat. Dazu gehören zum Beispiel regelmäßige (quartalsweise) Berichte über die Finanzlage und die Pflicht zur Veröffentlichung kursrelevanter Neuigkeiten.

Im Gegensatz zu seinem großen Bruder, dem Dow Jones, ist der DAX ein Performance-Index. Das heißt, nicht nur die reine Entwicklung der Kurse der einzelnen DAX-Aktien ist von Bedeutung. In die Wertentwicklung fließt auch die Kapitalvermehrung zum Beispiel durch Dividenden mit ein. In diesem Fall wird bei der Berechnung

Die DAX-Unternehmen im Überblick

Name	WKN	Marktkap. In Mrd.	Branche
Adidas	A1EWWW	27,2 Euro	Konsum
Allianz	840400	58,8 Euro	Versicherer
BASF	BASF11	65,9 Euro	Chemie
Bayer	BAY001	78,1 Euro	Chemie
Beiersdorf	520000	21,3 Euro	Konsum
BMW	519000	48,2 Euro	Automobile
Commerzbank	CBK100	7,5 Euro	Banken
Continental	543900	35,9 Euro	Industrie
Daimler	710000	62,6 Euro	Automobile
Deutsche Bank	514000	18,0 Euro	Banken
Deutsche Börse	581005	14,6 Euro	Finanzen
Deutsche Lufthansa	823212	5,3 Euro	Transport
Deutsche Post	555200	31,3 Euro	Transport
Deutsche Telekom	555750	71,6 Euro	Telekommunikation
E.on	ENAG99	19,1 Euro	Versorger
Fresenius	578560	36,8 Euro	Pharma
Fresenius Medical Care	578580	24,3 Euro	Pharma
HeidelbergCement	604700	14,4 Euro	Bauindustrie
Henkel Vz.	604843	44,6 Euro	Chemie
Infineon Technologies	623100	15,2 Euro	Technologie
Linde	648300	23,7 Euro	Chemie
Merck	659990	41,2 Euro	Pharma
Munich Re	843002	24,1 Euro	Versicherer
ProSiebenSat.1 Media	PSM777	8,8 Euro	Medien
RWE	703712	9,8 Euro	Versorger
SAP	716460	87,5 Euro	Software
Siemens	723610	80,0 Euro	Technologie
ThyssenKrupp	750000	11,2 Euro	Mischkonzern
Volkswagen Vz.	766403	62,1 Euro	Automobile
Vonovia	A1ML7J	15,4 Euro	Immobilien

Stand 14.07.16

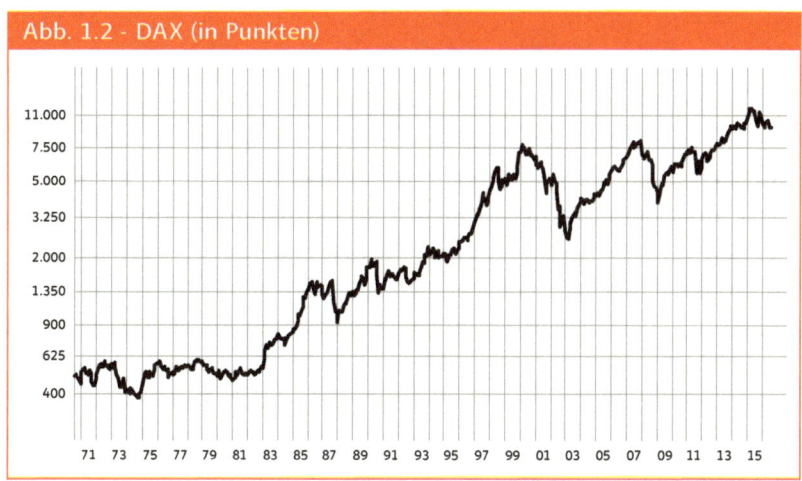

Abb. 1.2 - DAX (in Punkten)

unterstellt, dass Dividendenzahlungen in voller Höhe reinvestiert werden.

Seinen bisherigen Höchststand erreichte der DAX am 10. April 2015 mit 12.390 Punkten: Befeuert von den expansiven geldpolitischen Maßnahmen der US-Notenbank Fed und der Europäischen Zentralbank EZB sowie begünstigt durch den damit einhergehenden Niedrigzins bei traditionellen Anlagen wie Fest- und Tagesgeld hatte der deutsche Aktienindex vier Jahre lang Anlauf auf diesen Rekord genommen. Apropos Fed: Sehr häufig orientiert sich der DAX in seinem Kursverhalten auch an seinem US-Vorbild Dow Jones.

Den höchsten prozentualen Tagesverlust erlitt der DAX am 16. Oktober 1989. Damals ging der deutsche Leitindex um 12,8 Prozent in die Knie. Den höchsten Gewinn verbuchte das wichtigste deutsche Börsenbarometer am 13. Oktober 2008. An diesem Tag betrug das Plus 11,4 Prozent.

Der DAX verfügt mittlerweile über eine ganze „Familie". Um auch die Aktien mittelgroßer und kleiner Unternehmen aus Deutschland zu erfassen, hat die Deutsche Börse AG die Indizes MDAX und SDAX ins Leben gerufen. Deutsche Technologietitel werden im TecDAX zusammengefasst.

Die Tokioter Börse –
Hightech mit Tücken in Fernost

Die Tokioter Börse wurde 1878 gegründet. Zu dieser Zeit flitzten die Aktienhändler noch im traditionellen Kimono über das Parkett. Gehandelt wurden lediglich einige wenige Aktien, insbesondere die der Börse Tokio selbst. In den 1930er-Jahren wurden vor allem japanische Staatsanleihen verkauft, mit denen die Regierung die finanziellen Belastungen des Zweiten Weltkriegs auszugleichen versuchte. Im Jahr 1943 fusionierte die Börse Tokio mit elf japanischen Regionalbörsen und stieg damit endgültig zur größten Börse Japans und Ostasiens auf. Nach Beendigung des Zweiten Weltkriegs, aus dem Japan als einer der Verlierer hervorging, kam der Börsenhandel zwischen August 1945 und Mai 1949 vollständig zum Erliegen.

Da Japan schwer unter den Folgen des verlorenen Krieges litt, erholte sich auch die Börse nur schleppend. Noch in den 1950er- und 1960er-Jahren ging es an der Börse Tokio so anachronistisch zu, wie man sich es vom heutigen Hightech-Land Japan kaum vorstellen kann. Damals wurden die Kurse noch mit Kreide auf Schiefertafeln geschrieben. Umso härter fiel der Kulturschock für die traditionsbewussten Japaner aus, als am 30. April 1999 dem Parketthandel an der Tokioter Börse das letzte Stündlein schlug. In der Folge wurde der Handel komplett auf ein elektronisches Handelssystem umgestellt.

Doch dass die Technik durchaus ihre Tücken hat, zeigte sich im November 2005: Wegen eines Fehlers in einem Computerprogramm wurde der Börsenhandel in Tokio für Stunden lahmgelegt. Recht tückisch sind auch die Öffnungszeiten der Tokioter Börse. Der Handel ist zur Ortszeit von 9.00 bis 11.00 Uhr und dann wieder von 12.30 bis 15.00 Uhr möglich. Dies entspricht 2.00 bis 4.00 Uhr und 5.30 bis 8.00 Uhr mitteleuropäischer Zeit.

Wer zu nachtschlafender Zeit aufsteht, um in Tokio zu handeln, hat derzeit die Auswahl unter Aktien von 2.200 japanischen und 31 ausländischen Unternehmen, die an der japanischen Börse notiert sind.

Der Nikkei 225 – Japans Nummer 1

Leitindex der Tokioter Börse ist der Nikkei 225, auch kurz Nikkei genannt. Er gilt gleichzeitig als eines der bedeutendsten Börsenbarometer in ganz Asien. Ins Leben gerufen wurde der Nikkei am 7. September 1950 von der Zeitung *Nihon Keizai Shimbun*, die den Index seitdem jeden Tag neu berechnet. Wie der Dow Jones ist der Nikkei ein Kursindex, das heißt, es wird ausschließlich die Kursentwicklung der im Index vertretenen Aktien berücksichtigt. Sonderfaktoren wie Dividenden bleiben außen vor.

Die Aktien von 225 Firmen sind derzeit im Nikkei gelistet. Darunter befinden sich unter anderen auch Namen wie Toyota, Sony oder Canon, die auch jenseits der Grenzen Japans bekannt sind. Den bisher höchsten Stand erreichte der Nikkei 225 am 29. Dezember 1989. Der Stand damals: rund 38.916 Punkte. Seitdem hat der Index infolge wirtschaftlicher Probleme in Japan, einiger Krisen am Immobilienmarkt und aufgrund zahlreicher Finanzskandale deutlich korrigiert.

Der Rest der Welt

In Europa vorn dabei: London und Paris

Neben den Börsen in New York, Frankfurt und Tokio gibt es noch eine ganze Reihe anderer Börsenplätze von internationaler Bedeutung. In Europa sind dies zum Beispiel die Börsen in London und Paris. An der London Stock Exchange ist der Financial Times Stock Exchange Index, kurz FTSE (gesprochen: Futzi), das Maß aller Dinge. Der Index wurde zwar erst im Januar 1984 aufgelegt, doch wurde er bis ins Jahr 1970 zurückberechnet. Insgesamt enthält er 100 Aktien, darunter Namen wie AstraZeneca, BP, Rolls-Royce oder Tesco, die auch jenseits des Kanals bekannt sind. Der FTSE ist ein sogenannter Kursindex. Das bedeutet, Dividendenzahlungen fließen nicht in die Berechnung ein.

Auch im CAC40, dem Leitindex der Pariser Börse, finden sich viele bekannte Namen. In dem 40 Titel umfassenden Kursindex tummeln sich etwa der Nahrungsmittelhersteller Danone, der Beauty-Konzern L'Oréal, der Reifenhersteller Michelin oder der Autobauer Renault. Der CAC40 wurde am 31. Dezember 1987 mit einem Indexstand von 1.000 Punkten aufgelegt.

Nordamerikas Nummer 3: die Börse Toronto

In Nordamerika ist neben der New York Stock Exchange und der Nasdaq vor allem die kanadische Börse noch erwähnenswert. Hinter den beiden Erstgenannten ist die Börse in Toronto die drittgrößte in Nordamerika. Die Wurzeln der kanadischen Börse könnten Historikern zufolge bis ins Jahr 1852 zurückreichen. Damals, genauer gesagt am 26. Juli, trafen sich einige Börsenmakler, um die Association of Brokers ins Leben zu rufen. Als eigentliches Gründungsdatum der Börse in Toronto gilt jedoch der 25. Oktober 1861. Meilensteine der kanadischen Börse markierten die Fusion mit dem Rivalen Standard Stock and Mining Exchange 1934, die Einführung des elektronischen Handelssystems CATS 1977 sowie die Einstellung des Parketthandels 1997. Im 60 Aktien umfassenden Leitindex TSX 60 dominieren Finanz- und Rohstofftitel.

Asiens Perlen: Korea und Hongkong

Neben der Börse in Tokio zählen auch die Börsenplätze Korea, mit Sitz in Seoul, sowie Hongkong zu den wichtigen Börsenplätzen Asiens. Die südkoreanische Börse wurde 1953 gegründet und hat ihren Hauptsitz in Busan. Als Leitindex des Landes dient der KOSPI. Die Kurzform steht für Korea Composite Stock Price Index. Das Börsenbarometer wurde 1983 mit einer Basis von 100 Punkten aufgelegt und bis 1980 zurückberechnet. Die Schwergewichte, die im KOSPI enthalten sind, etwa die Unternehmen Samsung und Hyundai, sind heute auch weithin im Ausland bekannt.

Auch nachdem die ehemalige britische Kronkolonie Hongkong 1997 an China zurückfiel, änderte sich an ihrem Ruf als asiatische Finanzmetropole nichts. Dies hängt im Wesentlichen mit der weitgehenden Autonomie zusammen, von der Hongkong noch bis ins Jahr 2047 profitieren wird. Auch die Börse in Hongkong, eine von insgesamt drei chinesischen Börsen, genießt international nach wie vor einen ausgezeichneten Ruf. Inoffiziell wurde an ihr bereits ab dem Jahr 1861 gehandelt, als offizielles Gründungsdatum gilt heute jedoch das Jahr 1891. Leitindex der Hongkonger Börse ist der Hang Seng, der am 31. Juli 1964 mit einer Basis von 100 Punkten aufgelegt wurde und mittlerweile die Entwicklung von mehr als 40 Unternehmen abbildet.

Afrika – Südafrika allein auf weiter Flur

Dass in Afrika allein schon wegen seines Rohstoffreichtums ein Riesenpotenzial steckt, darüber sind sich alle Experten einig. Bis jedoch auch private Investoren aus Deutschland und Europa über Direktinvestments, sprich über Aktienkäufe an der Heimatbörse, von einer solchen Entwicklung profitieren können, wird es sicher noch Jahrzehnte dauern. Einzige Ausnahme: Südafrika. Die Börse in Johannesburg ist die größte in Afrika und nimmt einen Platz unter den Top 20 weltweit ein. Gegründet wurde sie im November 1887, nur kurz nach den ersten Goldfunden in Südafrika. Bis heute sind Rohstoffe – und hier insbesondere nach wie vor das Gold – das dominante Thema an Südafrikas Börse, was sich auch in der Zusammensetzung des Leitindex widerspiegelt. Hier finden sich vor allem Unternehmen aus den Bereichen

Die wichtigsten Börsen der Welt im Überblick		
Land	**Börse**	**Leitindex**
USA	New York Stock Exchange (NYSE)	Dow Jones Industrial Average
USA	Nasdaq	Nasdaq Composite
Deutschland	Frankfurter Wertpapierbörse	Deutscher Aktienindex (DAX)
Japan	Börse Tokio	Nikkei 225
Großbritannien	London Stock Exchange	Financial Times Stock Exchange Index (FTSE)
Frankreich	Börse Paris	Cotation Assistée en Continu (CAC40)
Indien	Bombay Stock Exchange	Sensex 30
Südkorea	Korea Exchange (KRX, Busan)	Korea Composite Stock Price Index (KOSPI)
Hongkong	Hong Kong Stock Exchange	Hang Seng
Kanada	Toronto Stock Exchange	TSX 60
Russland	Börse Moskau	Russian Traded Index (RTS)
Schweiz	Swiss Exchange Zürich	Swiss Market Index (SMI)
Österreich	Börse Wien	Austrian Traded Index (ATX)
Australien	Australian Securities Exchange (Sydney)	ASX All Ordinaries
Brasilien	Börse São Paulo	Bovespa Index
China	Shanghai Stock Exchange	Shanghai Composite Index
Südafrika	JSE (Johannesburg)	JSE All Share

Rohstoffe und Bergbau. Bei der Erschließung des Schwarzen Kontinents möchte die südafrikanische Börse eine Vorreiterrolle einnehmen. Bislang war sie mit dem Vorhaben, Unternehmen aus anderen afrikanischen Ländern wie Ghana, Namibia, Sambia oder Simbabwe davon zu überzeugen, ihre Aktien in Johannesburg notieren zu lassen, allerdings nicht sehr erfolgreich.

Emerging Markets – Schwellenländer: interessant, aber schwankungsanfällig

Zunehmende Beachtung unter professionellen wie privaten Investoren haben in den vergangenen rund anderthalb Jahrzehnten auch die Börsen der Schwellenländer gefunden. Die oft auch als Emerging Markets, also als aufstrebende Märkte, bezeichneten Länder sind nicht zuletzt dadurch ins Visier der Anleger geraten, dass sie sich oft durch einen großen Rohstoffreichtum und in der Regel auch durch ein enormes Wirtschaftswachstum auszeichneten. Dies hat sich über Jahre auch in steigenden Aktienkursen niedergeschlagen. Als Synonym für die Emerging Markets stand lange Zeit die von Goldman-Sachs-Chefvolkswirt Jim O'Neill kreierte Abkürzung BRIC, die sich aus den Anfangsbuchstaben der vier bedeutendsten Schwellenländer Brasilien, Russland, Indien und China zusammensetzt. Mittlerweile wird unter dem Begriff Emerging Markets eine ganze Reihe weiterer Länder zusammengefasst, darunter auch die Gruppe der Next Eleven (ebenfalls eine O'Neill-Wortschöpfung), zu der unter anderem Ägypten, Mexiko und die Türkei zählen.

Bei all ihrer zeitweiligen starken Wertentwicklung zeigt sich allerdings auch in den Emerging Markets, dass die Bäume an der Börse nicht in den Himmel wachsen. So sind auch die Schwellenländer nicht vor Korrekturen gefeit. Kursrückgänge gibt es etwa, wenn den Anlegern das Wirtschaftswachstum dieser Staaten nicht mehr dynamisch genug ist oder wenn politische Krisen oder Auswüchse wie Korruption deutlich machen, dass es sich bei den Emerging Markets eben doch noch nicht um etablierte Industriestaaten handelt. Gerade auf lange Sicht sprechen die Experten den Schwellenländern aber ein überdurchschnittliches Wachstum zu, da sich ihre in der Regel im Durchschnitt sehr junge Bevölkerung nach Wohlstand sehnt, was sich oft in einer erhöhten Dynamik der Volkswirtschaft des jeweiligen Landes niederschlägt. Anleger sollten sich aber bei ihren Engagements in Emerging Markets darüber im Klaren sein, dass es immer wieder zu mitunter auch größeren Korrekturrisiken kommen kann.

Das Thema Emerging Markets ist derart komplex, dass darüber ganze Bücher geschrieben worden sind. Wir wollen es an dieser Stelle dabei belassen und verweisen Sie gerne auf das Buch „Crashkurs Emerging Markets", das aus derselben Reihe stammt wie der vorliegende „Crashkurs Börse".

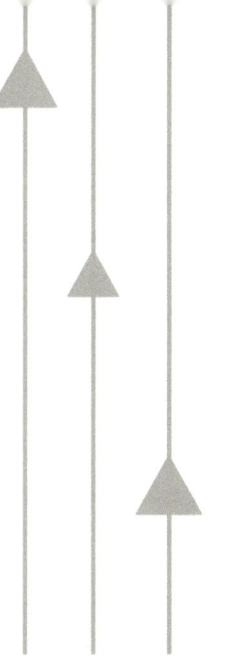

KAPITEL 2

GRUNDLAGEN

Börsen gibt es viele. Zum Beispiel die Geldbörse, die Tauschbörse oder die gerade im Internetzeitalter immer beliebter werdende Partnerbörse. Wenn aber in diesem Buch von der Börse die Rede ist, ist damit natürlich prinzipiell die Wertpapierbörse gemeint. Und die ist laut Definition ein „organisierter Markt, auf dem Aktien, Anleihen und andere Wertpapiere gehandelt werden". Um dies zu verstehen, muss man zunächst wissen, was ein Wertpapier ist, welche verschiedenen Formen es gibt und welchen Zweck sie erfüllen.

Was ist eine Aktie?

Wie gelesen werden an der Börse verschiedene Arten von Wertpapieren gehandelt, zum Beispiel Aktien. Doch was ist überhaupt eine Aktie? Ganz einfach: Eine Aktie ist ein Wertpapier, das seinem Eigentümer den Anteil an einem Unternehmen verbrieft. Einfach ausgedrückt ist eine Aktie also nichts anderes als der Anteil an einem Unternehmen. Der Besitz der Aktie garantiert dem Eigentümer zudem weitere Rechte: So darf er an der Hauptversammlung des Unternehmens teilnehmen, dort vom Vorstand Rechenschaft über Belange der Firma fordern oder bei Abstimmungen zu bestimmten Themen von seinem Stimmrecht

Gebrauch machen. Zudem erhält der Aktionär eine Vorzugsbehandlung: Falls das Unternehmen neue, junge Aktien ausgibt, wird er bei Interesse zuerst bedacht. Schüttet das Unternehmen erzielte Gewinne in Form einer Dividende an seine Anteilseigner aus, garantiert auch hier der Besitz der Aktie den Anspruch auf Beteiligung am Gewinn. Als Faustregel gilt: Je mehr Aktien eines Unternehmens ein Anleger besitzt, desto größer ist sein Stimmrecht und desto höher ist die Beteiligung am Gewinn.

Es gibt zwei verschiedene Arten von Aktien: die Stammaktien und die Vorzugsaktien. Im Wesentlichen unterscheiden sich die beiden Gattungen nur durch einen einzigen Punkt. Während Stammaktien alle oben genannten Rechte garantieren, müssen Eigentümer von Vorzugsaktien in der Regel auf ihr Stimmrecht verzichten. Dafür erhält der Vorzugsaktionär jedoch ein schönes Trostpflaster, nämlich eine höhere Dividende.

Aktie = verbriefter Anteil an einer Aktiengesellschaft

Was ist eine Aktiengesellschaft?

Man muss kein besonderer Schlaumeier sein, um darauf zu kommen, dass Aktien von Aktiengesellschaften ausgegeben werden. Doch was sind überhaupt Aktiengesellschaften? Und aus welchem Grund werden sie gegründet? Nun, die Aktiengesellschaft ist nichts anderes als eine bestimmte Rechtsform einer Kapitalgesellschaft. In Deutschland ist zur Gründung einer Aktiengesellschaft, abgekürzt AG, ein Stammkapital von mindestens 50.000 Euro nötig. Bei der Gründung einer AG wird festgelegt, in wie viele Anteile das Grundkapital gestückelt wird. Der Anteil einer Aktie am Grundkapital ergibt den sogenannten Nennwert pro Aktie. Aber Vorsicht: Dieser stellt weder den anteilig fairen Wert des Unternehmens dar noch ist er mit dem Aktienkurs zu verwechseln. Letzterer wird durch Angebot und Nachfrage an der Börse bestimmt.

Aktiengesellschaft (kurz AG) = bestimmte Rechtsform einer Kapitalgesellschaft

Das Ziel der Gründung einer AG ist schnell erklärt: Für einen bestimmten Betrag geben die Unternehmen Aktien – und damit einen bestimmten Anteil von sich selbst – an Aktionäre ab. Mit dem Geld, das sie von den Aktionären erhalten, finanzieren sie ihre Geschäftstätigkeit, realisieren teure Projekte oder tätigen Zukäufe.

Der Index – das Stimmungsbarometer der Börse

Bevor man als Anleger eine Investitionsentscheidung trifft, ist es notwendig, sich einen Gesamtüberblick über den Markt zu verschaffen, in den man sein Geld stecken will. Dies schafft man unter anderem dadurch, dass man darauf schaut, in welche Richtung Aktien aus einem Land oder einer speziellen Branche in der Vergangenheit gelaufen sind und sich aktuell bewegen. Doch selbst für Profis ist es vollkommen unmöglich, die Vielzahl aller Aktien gleichzeitig zu beobachten. Allein in Deutschland stehen mehrere Tausend Aktien auf den Kurszetteln. Aber es ist auch gar nicht notwendig, ständig alle Aktien unter Beobachtung zu haben. Denn für einen einfacheren Überblick, in welche Richtung die Kurse laufen, haben findige Fachleute, namentlich Charles Henry Dow und Edward David Jones, schon vor weit mehr als 100 Jahren das Prinzip des Index erfunden.

Kursindex versus Performance-Index
In der Theorie ist der Index eine Kennzahl, die die Entwicklung eines Teilsegments der Börse repräsentativ darstellt. Und das sieht in der Praxis folgendermaßen aus: Bei der Auflegung eines Index wird am Anfang ein mathematischer Normwert, eine sogenannte Basis, festgelegt. Üblicherweise sind dies 100 oder 1.000 Punkte. Dann wird festgelegt, welche Aktien dem Index angehören sollen. Dies können zum

Beispiel Aktien aus einem bestimmten Land wie etwa den USA oder einer speziellen Branche wie etwa dem Automobilbau sein.

Ein Beispiel: Wer sich darüber informieren möchte, in welche Richtung die US-Standardwerte laufen, schaut sich die Entwicklung des Dow Jones Industrial Average (siehe auch Seite 15), kurz Dow Jones, an. In diesem Index sind 30 Standardwerte aus den USA zusammengefasst. Der Dow Jones wurde bereits im Jahr 1896 erstmals publiziert und ist damit einer der ältesten Indizes der Welt. Beim Dow Jones handelt es sich um einen sogenannten Kursindex. Das heißt, um die Veränderung des Indexwerts zu berechnen, werden allein die Kursveränderungen bei den einzelnen Aktien zugrunde gelegt. Aus den Veränderungen bei allen 30 Werten wird ein Mittelwert gebildet, aus dem sich die Indexveränderungen ergeben.

 ## AKTIENINDEX

Kennzahl für die Entwicklung von Aktien aus einem bestimmten Land oder einer speziellen Branche. Es gibt zwei verschiedene Arten von Indizes: den Kursindex, bei dessen Berechnung ausschließlich die Kursveränderungen der Aktien der einzelnen Indexmitglieder zugrunde gelegt werden, und den Performance-Index, bei dem auch die Dividendenzahlungen berücksichtigt werden. Ein Performance-Index wird deshalb immer besser abschneiden als ein Kursindex.

Im Gegensatz dazu gibt es noch Performance-Indizes wie etwa den deutschen Leitindex DAX (siehe auch Seite 21). Der DAX fasst ebenfalls die 30 wichtigsten Unternehmen zusammen, eben nur die aus Deutschland. Bei der Berechnung der Indexveränderungen spielen jedoch weitere Faktoren eine Rolle. Schüttet beispielsweise ein Unternehmen einen Teil seiner Gewinne in Form einer Dividende an seine Aktionäre aus, notiert die Aktie im Anschluss tiefer. Und zwar genau um den Betrag, den die Firma zuvor ausgezahlt hat. Während die Gewinnausschüttung bei der Berechnung des Kursindex nicht berücksichtigt wird, unterstellt man bei der Berechnung des Performance-Index, dass die Gewinnausschüttung in voller Höhe reinvestiert wird. Zusammengefasst lässt sich sagen, dass sich ein Performance-Index immer besser entwickeln wird als ein Kursindex.

Was ist eine Dividende?

Als Dividende bezeichnet man die Summe, die ein Unternehmen für das vorangegangene Geschäftsjahr pro Aktie an seine Aktionäre ausschüttet. Sie kann sowohl aus erzielten Gewinnen als auch aus den vorhandenen Mitteln bezahlt werden. Mit anderen Worten: Ein Unternehmen muss nicht unbedingt schwarze Zahlen schreiben, um eine Dividende zu bezahlen. Im Gegenzug ist aber auch keine AG verpflichtet, überhaupt etwas auszuschütten.

Die Höhe der Dividende wird im Rahmen der Hauptversammlung von Vorstand und Aufsichtsrat vorgeschlagen. Wird der Vorschlag angenommen, erfolgt die Zahlung in Deutschland meistens einen Handelstag später. Im Ausland bestehen oftmals andere Regelungen, interessierte Anleger sollten sich also vorher informieren.

Wann muss ich kaufen, um die Dividende zu erhalten?

An dem Tag, an dem die Dividende ausgeschüttet wird, notiert die Aktie „ex Dividende", der Kurs ist also um den Betrag der Ausschüttung pro Aktie reduziert. Hier liegt auch die Antwort auf eine oft gestellte Frage: „Wann muss ich eine Aktie im Depot haben, wenn ich die Dividendenzahlung erhalten möchte?" Nur Anleger, die den „Verlust" durch den Dividendenabschlag erleiden, kommen auch in den Genuss der Ausschüttung. Somit sollten Sie spätestens am Vorabend des Ex-Dividende-Tags Aktionär des Unternehmens sein. Vorsicht: Bei ausländischen Unternehmen müssen Sie eine längere Vorlaufzeit einkalkulieren, da zwischen dem Kauf und der Gutschrift (Valuta) einige Tage vergehen können.

Warum sind Dividendenaktien interessant?

Durch die Dividendenzahlung machen Anteilseigner der Gesellschaft keinen Gewinn – schließlich wiegt die Ausschüttung exakt den rechnerischen Kursverlust auf. Warum sind solche Aktien dennoch interessant? In der Regel beweist eine Dividendenzahlung, dass ein Konzern profitabel arbeitet. Die Aktien profitabler Unternehmen, die an ihre Anteilseigner eine Dividende ausschütten, neigen auch zu einer überdurchschnittlichen Kursentwicklung. Die Kursverluste durch die Dividendenzahlung werden meistens schnell wieder wettgemacht. Anleger können sich also im günstigsten Fall sowohl über steigende Notierungen als auch über eine attraktive Dividendenrendite freuen.

STICHWORT „DIVIDENDENRENDITE"

Die Dividendenrendite gibt an, wie viel Prozent des Aktienkurses als Dividende ausgeschüttet werden. Je höher die Dividendenrendite ist, umso günstiger ist die Aktie bewertet. Wichtig für Anleger dabei: Dividendeneinnahmen werden in Deutschland (noch) nach dem Halbeinkünfteverfahren besteuert.

Wie kommen Aktien an die Börse?

Die Aktien einer AG kommen nicht von allein an die Börse. Die Unternehmen müssen einen sogenannten Börsengang machen. Gehen Unternehmen zum ersten Mal mit ihren Aktien an die Börse, sprechen Fachleute von einer Neuemission oder benutzen den englischen Fachausdruck IPO. Die Abkürzung IPO steht für Initial Public Offering, was übersetzt so viel heißt wie erstes öffentliches Angebot.

Neuemission (englisch: Initial Public Offering, kurz IPO) = erstmalige Platzierung von Aktien an der Börse durch die Konsortialbanken

Der Börsengang wird stets begleitet von einer oder mehreren Banken. Diese werden auch als Konsortialbanken bezeichnet. Die Banken bestimmen in Absprache mit dem Unternehmen zuvor die Gesamtzahl der Aktien, die an der Börse platziert werden sollen, und legen den Preisrahmen für die Aktienemission fest. Dieser Preisrahmen wird von Fachleuten als Bookbuilding-Spanne bezeichnet. Interessierte Anleger können im Vorfeld des Börsengangs im Rahmen dieser Spanne bei ihrer depotführenden Bank ein Angebot abgeben. Man spricht hierbei vom „Zeichnen".

Interessieren sich nur wenige Anleger für die Aktie, wird das Papier wahrscheinlich zu einem Preis, der am unteren Ende der Bookbuilding-Spanne liegt, an die Börse kommen. Bei allzu geringer Resonanz kann das Unternehmen den Börsengang auch komplett absagen und darauf hoffen, bei einem neuen Versuch zu einem späteren Zeitpunkt auf ein besseres Umfeld zu treffen und höhere Erlöse zu erzielen.

Auch der entgegengesetzte Fall ist natürlich möglich, nämlich dass die Nachfrage der Anleger größer ist als die Anzahl der auszugebenden Aktien. Wenn mehr Gebote als Aktien vorhanden sind, spricht der Experte von einer Überzeichnung.

Für diesen Zweck haben die Banken noch ein Ass im Ärmel: die sogenannte Mehrzuteilungsoption. Schon bei der Planung des Börsengangs wird eine bestimmte Anzahl von Aktien festgelegt, die nur dann ausgegeben wird, wenn die Nachfrage das Angebot übersteigt. In der Regel beträgt die Mehrzuteilungsoption etwa 10 bis 15 Prozent des gesamten Emissionsvolumens. Von Experten wird die Mehrzuteilungsoption auch mit dem englischen Ausdruck „Greenshoe" bezeichnet. Dieser geht auf die amerikanische Firma Green Shoe Manufacturing zurück, die bei ihrem Börsengang im Jahr 1963 als erstes Unternehmen von der Mehrzuteilungsoption Gebrauch machte.

Ist die Nachfrage nach den neuen Aktien so groß, dass sogar der Greenshoe ausgeübt werden muss, kann man davon ausgehen, dass die Aktien zu einem Preis ausgegeben werden, der am oberen Ende der Bookbuilding-Spanne liegt. Damit ist der Weg für einen erfolgreichen Börsengang und steigende Kurse frei.

Was ist eine Anleihe?

Es gibt für Unternehmen neben der Ausgabe von Aktien aber auch noch andere Möglichkeiten, sich am Kapitalmarkt Geld zu besorgen, um Unternehmungen zu finanzieren. Eine Alternative sind Anleihen. Synonym werden häufig auch die Begriffe Rentenpapier oder die englische Bezeichnung „Bond" benutzt. Vereinfacht ausgedrückt ist die Anleihe eine Art Schuldverschreibung. Derjenige, der die Anleihe kauft, leiht dem Unternehmen Geld. Vor der Ausgabe wird festgelegt, wann das Geld zurückbezahlt werden muss. Diesen Termin nennt man Fälligkeit. Im Gegensatz zum Aktionär ist der Inhaber einer Anleihe kein Anteilseigner des Unternehmens, sondern ein Gläubiger. Seine Leihgabe bekommt der Inhaber einer Anleihe mit einem zuvor bestimmten Zinssatz vergütet. Er muss jedoch die Anleihe nicht unbedingt bis zur Fälligkeit behalten. Er hat auch die Möglichkeit, das Wertpapier vorher an der Börse zu verkaufen.

Was ist ein Fonds?

Ursprünglich kommt der Begriff „Fonds" aus dem Französischen. Dort steht er für Kapital. Erstmals verwendet wurde er, als britische Investoren ihr Geld zusammenlegten, um sich an Eisenbahnprojekten in den USA zu beteiligen. Heutzutage können Anleger über einen Fonds in nahezu allen Anlagebereichen aktiv werden. Fonds werden von Investmentgesellschaften aufgelegt. Prinzipiell muss man zwischen geschlossenen und offenen Fonds unterscheiden.

Geschlossene Fonds

Geschlossene Fonds werden meistens zur Finanzierung eines bestimmten Projekts aufgelegt und nach Erreichen des benötigten Eigenkapitalanteils geschlossen. In diese Rubrik fallen unter anderem geschlossene Immobilienfonds, aber auch Schiffs- und Medienfonds.

Offene Fonds

Sehr viel verbreiteter sind jedoch offene Fonds. Sie sind börsentäglich handelbar und der Erwerb und Verkauf von Anteilen ist jederzeit möglich. Mit offenen Fonds können Anleger nahezu alle existierenden Anlageklassen abdecken. Es gibt Immobilienfonds, Geldmarktfonds, Anleihefonds (Rentenfonds) und Aktienfonds. Für Anleger, die in mehrere Anlagekategorien auf einmal investieren möchten, gibt es sogenannte Mischfonds. Ein typisches Beispiel für einen Mischfonds wäre ein Fonds, der zu 60 Prozent in Aktien und zu 40 Prozent in Anleihen investiert.

Innerhalb der einzelnen Kategorien lassen sich weitere Unterscheidungen treffen. So gibt es Aktienfonds mit regionalen Schwerpunkten, die beispielsweise nur in Asien investieren. Dann gibt es Branchenfonds, die nur Papiere eines bestimmten Sektors kaufen dürfen, sowie Indexfonds, die in ihrem Portfolio die Zusammensetzung eines Index nachbilden. Während ein solcher Indexfonds als passiv gemanagt bezeichnet wird, erfolgt die Aktienauswahl bei aktiv gemanagten Fonds unabhängig von einem Index allein aufgrund der Strategie des Fondsmanagers.

Das Thema Fonds auch nur halbwegs umfassend abzubilden würde den Rahmen dieses Buches sprengen. Wir verweisen daher auf den ebenfalls in dieser Serie erschienenen Titel „Crashkurs Fonds".

Wie ermittelt man den Kurs eines Fonds?

Teilt man den Wert aller im Fonds befindlichen Vermögenswerte durch die Anzahl der ausgegebenen Anteile, so erhält man den „Net Asset Value" (NAV) eines Fondsanteils. Dieser stellt gleichzeitig den Kurs des Anteils dar.

Für Anleger verteuert sich dieser Kurs allerdings meistens noch um den sogenannten Ausgabeaufschlag, der bei Aktienfonds in der Regel vier bis fünf Prozent auf den NAV beträgt. Deswegen gibt es für jeden Fonds zwei Kurse: den Rücknahmepreis und den Ausgabepreis. Der Ausgabepreis besteht aus NAV zuzüglich Ausgabeaufschlag und ist der Kurs, zu dem ein Anleger einen Fondsanteil kaufen kann. Der Rücknahmepreis entspricht dem NAV. Zu diesem Kurs kann ein Anleger den Fonds an die Investmentgesellschaft zurückgeben.

Zusätzliche Kosten entstehen Fondsanlegern durch die Verwaltungsgebühr, die von der auflegenden Investmentgesellschaft erhoben wird. Sie liegt je nach Fondstyp in der Regel zwischen 0,8 und 2,0 Prozent des Anlagevolumens pro Jahr.

Wie kaufe ich einen Fonds?

Fonds unterscheiden sich in einem wesentlichen Punkt von Aktien: Man muss keine ganzen Stückzahlen kaufen. Man kann beispielsweise 1.000 Euro in einen Fonds XY investieren und dafür 12,573 Anteile erhalten. Natürlich kann man seiner Bank auch sagen, dass man gerne 20 Anteile des Fonds hätte. Doch die Tatsache, dass man einen Fonds unabhängig vom aktuellen Kurs immer für einen fixen Betrag kaufen kann, hat dazu geführt, dass viele Privatanleger Fonds regelmäßig via Dauerauftrag besparen. Sie erwerben somit beispielsweise jeden Monat Anteile am Fonds XY für 100 Euro. Bei den meisten Anbietern sind Einmalanlagen in Fonds mittlerweile bereits ab 500 Euro möglich, Sparpläne werden im Regelfall bereits ab 50 Euro pro Monat angeboten. Solche Sparpläne bieten zudem einen großen Vorteil: Sie nutzen den Cost-Average-Effekt aus.

Was ist der Cost-Average-Effekt?

Der Cost-Average-Effekt beruht auf der Tatsache, dass man bei einem Fondssparplan bei niedrigen Kursen automatisch mehr und bei hohen Kursen automatisch weniger Anteile kauft. Somit macht der Sparplan genau das, was auch erfolgreiche Anleger tun: Er investiert antizyklisch.

 **TIPP**

Wenn Sie einen Fonds regelmäßig per Sparplan erwerben, dann erleben Sie den Cost-Average-Effekt. Dieser führt zu einer Glättung des durchschnittlichen Kaufkurses.

Der Cost-Average-Effekt führt einerseits dazu, dass Kursschwankungen gedämpft werden. Andererseits wird der durchschnittliche

Einstandskurs optimiert. Ein Beispiel: Ein Fonds wird monatlich mit 100 Euro bespart. Steht er im Januar bei 20 Euro, so erwirbt der Sparer 5,0 Anteile. Im Februar fällt der Fonds auf 16 Euro, somit wandern automatisch 6,25 Anteile ins Depot. Im März, April und Mai bleibt der Fonds auf 16 Euro stehen und dreimal wandern 6,25 Fondsanteile ins Portfolio. Im Juni klettert der Kurs wieder auf 20 Euro und der Sparer kauft 5,0 Anteile. Unter dem Strich hat er somit 35 Anteile gekauft und dafür 600 Euro ausgegeben. Bei einem Fondskurs von 20 Euro sind diese Anteile aber bereits 700 Euro wert. Der Fonds steht zwar gerade wieder einmal so hoch wie am Jahresanfang, der Sparer ist aber im Gegensatz dazu schon 17 Prozent im Plus.

Welche Strategien gibt es?

Manche Fondsmanager verfolgen eine sogenannte Top-down-Strategie, gehen also bei ihrer Analyse von oben nach unten vor. Das bedeutet, dass sie zunächst die volkswirtschaftlichen Rahmendaten eines Landes sowie die Situation einer ganzen Branche betrachten, bevor sie einzelne Aktien unter die Lupe nehmen.

Das Gegenteil ist die Bottom-up-Strategie. Hier werden erst die interessantesten Unternehmen ausführlich analysiert, bevor der Fondsmanager die Rahmendaten unter die Lupe nimmt. Die Methode, sich direkt auf die Suche nach interessanten Unternehmen zu konzentrieren, bezeichnet man auch als Stock-Picking.

Für wen sind Fonds geeignet?

Investmentfonds sind vor allem als konservative Depotbeimischung geeignet. Sie werden wie kaum ein anderes Finanzprodukt durch staatliche Institutionen reguliert und überwacht. Einmal pro Jahr muss ein offener Fonds einen Rechenschaftsbericht erstellen, alle sechs Monate wird ein Halbjahresbericht fällig. Die Strategie des Fonds sowie die für Anleger anfallenden Kosten müssen in einem Verkaufsprospekt zusammengefasst werden. Vor dem Erwerb von Fondsanteilen muss der Verkäufer – im Regelfall der Vermittler, Anlageberater oder

Bankmitarbeiter – dem Anleger diesen Prospekt sowie den aktuellsten Rechenschaftsbericht vorlegen und ihn über die Risiken aufklären. Die Einhaltung dieser Bestimmungen wird durch die Bundesanstalt für Finanzdienstleistungsaufsicht (BaFin) überwacht. Eher passive Anleger nutzen fast ausschließlich Fonds zum Vermögensaufbau. Sie streuen über verschiedene Länder- oder Branchenfonds, vertrauen auf die Manager sowie den Cost-Average-Effekt und erzielen somit langfristig in der Regel sehr ordentliche Renditen bei überschaubarem Aufwand.

Für aktivere und risikofreudigere Anleger sind Fonds eher eine Depotbeimischung, die die Diversifikation erhöhen oder exotischere Anlageziele abdecken soll. Neben den Fonds stellen die Derivate eine weitere Anlageklasse dar, die sehr gern als Depotbeimischung genommen wird. Je nach Produkt kann man mit einem Derivat ein Depot absichern oder hochriskante Strategien verfolgen. Hier ist für jeden etwas dabei.

ETFs

Bei einer besonderen Art der Fonds, den sogenannten ETFs, handelt es sich um vergleichsweise neue Finanzinstrumente, die in den vergangenen Jahren gerade auch unter den Privatanlegern immer mehr Anhänger gefunden haben. Ihre Beliebtheit hat verschiedene Gründe.

Die Abkürzung ETF steht für Exchange-Traded Fund. Das heißt nichts anderes, als dass der Anleger diese Konstrukte an der Börse handeln kann, so wie er das beispielsweise auch mit Aktien tut. Das ist zum einen sehr praktisch und schafft zum anderen auch eine höhere Transparenz. Im Deutschen werden ETFs auch Indexfonds genannt, da sie die Wertentwicklung eines Index wie beispielsweise des DAX abbilden. Sie verfolgen in der Regel einen passiven Anlageansatz: Die Auswahl der in ihnen zusammengefassten Aktien wird nicht von einem „aktiven" Fondsmanager vorgenommen, sondern ergibt sich aus der Zusammensetzung des Index, den sie mehr oder minder eins zu eins nachbilden. Hier gibt es mehrere Varianten.

Die Art der Nachbildung

So unterscheidet man die physische und die synthetische Replikation. Bei der physischen Replikation, auch direkte oder vollständige Replikation genannt, wird der Index nachgebildet, indem der ETF Wert für Wert des Index gemäß dessen Gewichtung kauft. Ein ETF auf den DAX kauft also alle 30 Werte des deutschen Aktienindex nach und gewichtet sie wie dieser. Die Abweichung vom Index, der sogenannte Tracking Error, ist dabei entsprechend gering.

Bei ETFs auf Indizes, die extrem viele Einzeltitel umfassen und die daher nur unter Einsatz hoher Transaktionskosten physisch eins zu eins nachzubilden wären, kommt die Sampling-Methode zum Einsatz. Dabei kauft der ETF nur die wichtigsten und für die Indexentwicklung maßgeblichen Titel. Mit der Konzentration auf diese entscheidenden Einzelwerte werden die Kosten reduziert – Nachteil der Sampling-Methode ist allerdings ihre Ungenauigkeit, der Tracking Error ist größer.

Bei der synthetischen Replikation wird dem ETF die Indexrendite im Rahmen eines Tauschgeschäfts (Total-Return-Swap) von einem Finanzinstitut garantiert, man spricht auch von einem Swap-ETF. Synthetische ETFs sind unter anderem dort sinnvoll, wo ein illiquider Markt die physische Nachbildung erschwert. Zudem sind sie in der Regel kostengünstiger als physisch replizierende ETFs.

Die Preisbildung eines ETFs ist verhältnismäßig einfach; sein Kurs richtet sich nach dem ihm zugrunde liegenden Index. Steigt etwa der DAX um zehn Prozent, legt auch die Notierung des DAX-ETFs in etwa um zehn Prozent zu. Kleine Abweichungen sind durch besagten Tracking Error möglich sowie durch die anfallenden Gebühren, die, wenn sie auch gering ausfallen, dennoch je nach Anbieter variieren können. In der Regel gibt es keine großartige Abweichung der ETF-Entwicklung von der des Index. Nur in ganz seltenen Fällen, wenn etwa die ETF-Händler am Markt nervöser sind als die „üblichen" Marktteilnehmer und die auf den Markt „geworfenen" ETFs keine Abnehmer finden, fallen die ETF-Kurse stärker als der Index. Schließlich unterliegen auch sie dem Prinzip von Angebot und Nachfrage. Grundsätzlich sorgen jedoch sogenannte Marketmaker für einen liquiden Handel, indem sie ständig Kauf- und Verkaufskurse stellen.

Diese Verfügbarkeit sowie die niedrigen Gebühren sind beim Handel mit ETFs ein entscheidender Vorteil, gerade auch für den Privatanleger. Da bei einem ETF die aktive Aktienselektion durch einen Fondsmanager entfällt, ist die jährliche Verwaltungsgebühr sehr niedrig. Darüber hinaus entfällt der Ausgabeaufschlag, den Investmentgesellschaften beim Verkauf von Anteilen eines aktiv gemanagten Investmentfonds erheben.

Die lange Sicht macht's

In dem Umstand, dass ein ETF einen Index nahezu eins zu eins nachbildet, liegt zwar auch ein Nachteil: Fällt der Index im Wert, fällt entsprechend auch der Wert des ETFs. Eine bessere Entwicklung als der Markt, die sogenannten Outperformance, ist damit also nicht möglich. Wer allerdings damit zufrieden ist, die auf lange Sicht positive Entwicklung eines Marktes mit seinem Depot „nachzuahmen", und dabei Schwankungen verkraften kann, der ist mit ETFs gut bedient.

Da ETFs vielfältig einsetzbar sind – es gibt ETFs unter anderem auf Aktienindizes, Branchen- und Regionenindizes, auf Währungen und Rohstoffe –, lassen sich mit ihnen komplexe Strategien vergleichsweise günstig umsetzen. Zudem kann der Anleger bei vielen Anbietern per Sparplan in ETFs investieren.

 Für Privatanleger sind ETFs eine sinnvolle Sache, mindestens als Beimischung. Die für ein gutes Risikomanagement sinnvolle breite Streuung lässt sich schon mit einem vergleichsweise geringen Kapital umsetzen. Voraussetzung ist allerdings auch hier, dass sich der Anleger eine Strategie zurechtlegt, die als Basis für den Einsatz der ETFs dient.

Was sind Derivate?

Der Name Derivat kommt vom lateinischen „derivare", was so viel bedeutet wie „ableiten". Im Börsenkontext ist ein Derivat ein Finanzprodukt, dessen Preis vom Kurs anderer Anlageobjekte – die Underlyings oder Basiswerte genannt werden – abgeleitet wird. Bewegt sich das Underlying, bewegt sich auch der Kurs des Derivats.

Wozu sind Derivate gut?

Eine große und gern genutzte Gruppe von Derivaten sind sogenannte Hebelprodukte. Diese ermöglichen zwei verschiedene Strategien. Die erste beruht auf der Möglichkeit, mit einem Hebel auf die Veränderung des Basiswerts zu spekulieren. Auf diese Weise kann man mit verhältnismäßig geringem Kapitaleinsatz sehr spekulative Transaktionen durchführen.

BEISPIEL

Sie kaufen sich für 1,40 Euro ein Hebelzertifikat, das auf einen steigenden DAX setzt. Jeder Punkt im DAX ist einen Cent im Zertifikat wert. Zum Zeitpunkt des Kaufs steht der DAX bei 7.000 Punkten. Steigt er nun auf 7.140 Punkte, so bedeutet das für den DAX ein Plus von zwei Prozent. Das Hebelzertifikat honoriert die 140 Punkte mit 1,40 Euro. Damit hat sich der Kurs verdoppelt.

Ein wichtigerer Aspekt ist jedoch die Absicherungsfunktion: Mithilfe von Derivaten kann man beispielsweise Aktienpositionen oder das gesamte Depot gegen Verluste absichern.

Außerdem können Privatanleger mithilfe von Derivaten auf Basiswerte und Szenarien spekulieren, in die sie auf direktem Wege nicht investieren könnten. Zu den Basiswerten zählen in diesem Fall beispielsweise Aktien aus exotischen Ländern. Gerade Nationen wie Vietnam sind aktuell für Anleger sehr interessant. Auf direktem Wege dort Aktien zu erwerben ist jedoch fast unmöglich. Hier bieten beispielsweise Zertifikate einen Ausweg, die Aktienkörbe aus exotischen Nationen abbilden. Auch Rohstoffe wie Bauholz, Weizen oder Schweinehälften können von Anlegern über Derivate gespielt werden.

Sie haben ein Depot, das insgesamt 10.000 Euro wert ist. Sie haben hauptsächlich in den DAX investiert. Nun haben Sie Angst, dass der DAX fallen könnte, wollen aber Ihre Aktien nicht verkaufen. Alternativ können Sie Ihr Depot auch über ein Hebelprodukt absichern, das auf fallende Kurse setzt. Nehmen wir wieder an, der DAX steht anfangs bei 7.000 Punkten. Sie erwerben nun ein Hebelprodukt zum Kurs von 7,00 Euro. Das Papier gewinnt bei fallenden Kursen. Sie investieren 1.000 Euro. Nun fällt der DAX um zehn Prozent. Ihr Depot macht diese Entwicklung analog mit. Damit haben Sie 1.000 Euro verloren. Die 700 Punkte, die der DAX fällt, setzt Ihr Hebelprodukt in 7,00 Euro um. Es hat sich im Wert verdoppelt. Sie haben 1.000 Euro verdient und den Verlust des Aktiendepots damit wettgemacht.

Diese Liste ließe sich nahezu endlos fortsetzen. Das Universum der Derivate ist riesig. Deswegen werden wir uns in diesem Buch auf zwei der beliebtesten Gattungen – Optionsscheine und Zertifikate – beschränken und auch dort nur einen kurzen Überblick geben. Für alle weiteren Informationen verweisen wir auf die entsprechende Fachliteratur sowie das Literaturverzeichnis am Ende des Buches. Beginnen wir mit den Optionsscheinen.

Was ist ein Optionsschein?

Ein Optionsschein ist ein Hebelprodukt. Mit dem Erwerb eines Optionsscheins kauft man sich das Recht, eine bestimmte Menge des Underlyings (Basiswerts) zu einem vorher festgelegten Kurs zu kaufen (Call) oder zu verkaufen (Put). Als Underlying fungieren im Regelfall Aktien, Indizes oder Währungen.

Optionsscheine werden von verschiedenen Investmentbanken (Emittenten) herausgegeben und können direkt mit dem Emittenten oder an den normalen Börsenplätzen gehandelt werden. Da Optionsscheine als Derivate vom Gesetzgeber als besonders risikoreiche Anlageform erachtet werden, bestehen für die Emittenten gegenüber ihren Kunden besondere Informationspflichten. Erst nachdem der Kunde den Erhalt dieser Informationen bestätigt hat, erhält er die sogenannte Termingeschäftsfähigkeit. Diese ist Voraussetzung, um ein solches Papier zu erwerben.

 Verwechseln Sie Optionsscheine bitte nicht mit Optionen. Auf Optionen gehen wir in diesem Buch nicht ein. Sie werden an Terminbörsen gehandelt und sind ausschließlich etwas für Profis.

Was ist ein Zertifikat?

Grundsätzlich ist ein Zertifikat ein Wertpapier in der Rechtsform einer Schuldverschreibung oder einer Anleihe. Es kann sich auf verschiedenste Underlyings beziehen und verschiedenste Funktionen erfüllen. Damit gehört es zur Gruppe der Derivate. Zertifikate werden von Emittenten herausgegeben. Der Handel erfolgt überwiegend direkt über den Emittenten.

Hebelzertifikate

Das Äquivalent zum Optionsschein in der Zertifikatewelt ist das Hebelzertifikat. Je nach Emittent trägt es Namen wie Turbozertifikat, Mini-Future oder Wave. Hebelzertifikate funktionieren ähnlich wie ein Optionsschein. Der große Unterschied ist, dass viele dieser Zertifikate über eine sogenannte Knock-out-Schwelle verfügen.

Mit Hebelzertifikaten können Anleger wie beim Optionsschein auf steigende oder fallende Kurse des Basiswerts setzen. Gerade beim Einsatz von Hebelprodukten ist sehr viel Erfahrung und beinahe noch mehr Disziplin gefordert. Den potenziell sehr hohen Gewinnen stehen auch ebenso hohe mögliche Verluste gegenüber. Bei Optionsscheinen und Hebelzertifikaten besteht die Gefahr eines Totalverlusts des eingesetzten Kapitals. Anleger sollten deswegen diese Instrumente nicht benutzen, um auf die Jagd nach dem vermeintlich schnellen Geld zu gehen. Gerade Anfänger an der Börse sollten sich erst mit Fonds und Aktien ihr Handwerkszeug erarbeiten, bevor sie sich an spekulative Produkte wie etwa Hebelzertifikate wagen.

▶ BEISPIEL

Sie handeln ein Hebelzertifikat, das auf einen steigenden DAX setzt und eine Knock-out-Schwelle bei – sagen wir einmal 10.000 Punkten hat. (In diesem Fall muss der DAX zum Kaufzeitpunkt über 10.000 Punkten stehen). Fällt der DAX auch nur ein einziges Mal während der Laufzeit des Zertifikats auf 10.000 Punkte oder darunter, so wird das Hebelzertifikat umgehend „ausgeknockt". Ein Handel ist dann nicht mehr möglich. In manchen Fällen verbleibt ein vom Emittent vorgesehener Rückkaufswert, oftmals existiert aber kein Rückkaufswert und das Zertifikat verfällt wertlos.

Weitere Zertifikate-Arten

Mit Discount-Zertifikaten soll das Risiko des Anlegers im Vergleich zu einem direkten Investment begrenzt werden. Man kauft sich also nicht etwa die Allianz-Aktie, sondern ein Discount-Zertifikat auf Allianz. Das Zertifikat kostet weniger als die zugrunde liegende Aktie. Damit hat man einen gewissen Schutzpuffer gegen Kursverluste beim Underlying, hier also bei der Allianz-Aktie. Diesen Schutzpuffer bezahlt man mit einem sogenannten Cap. Das bedeutet, dass das Discount-Zertifikat nur bis zu einer bestimmten Maximalgrenze an einer positiven Kursentwicklung der Aktie teilnimmt.

Ein weiteres, sehr großes Feld sind Themenzertifikate. Mit diesen kann man gezielt auf die Wertentwicklung einer bestimmten Branche, auf den Aufschwung eines bestimmten Landes oder eines einzelnen Rohstoffs spekulieren. Die Emittenten sind vor allem in diesem Bereich sehr kreativ und ermöglichen es Anlegern so, auf nahezu jedes mögliche Pferd zu setzen.

Spezieller, aber nicht weniger interessant, sind finanzmathematische Konstruktionen wie Discount- und Bonuszertifikate mit ihren zahllosen Unterarten. Es gibt Outperformance- und Butterfly-Zertifikate, Alpha- und Garantiezertifikate und viele, viele mehr. An dieser Stelle verweisen wir auf das Buch „Crashkurs Zertifikate", das diesem Bereich großen Raum widmet. Zuletzt sei an dieser Stelle noch auf die

Indexzertifikate verwiesen. Ein Indexzertifikat vollzieht die Entwicklung eines bestimmten Index im Verhältnis 1:1 nach. Vor allem konservative Anleger, die der Strategie des sogenannten Index Investings folgen, benutzen diese Produkte.

Contracts for Difference (CFDs)

Eine relativ neue Art der Derivate sind Contracts for Difference, zu Deutsch Differenzkontrakte. Contracts for Difference, im allgemeinen Börsianersprachgebrauch als „CFDs" abgekürzt, sind hochspekulativ, da der Anleger mit diesen Produkten mehr Geld verlieren kann, als er eingesetzt hat – sogar mehr, als er auf dem Konto respektive im Depot hat. Im Gegenzug winken sehr hohe Gewinnchancen.

Börseneinsteiger sollten von einem Handel mit CFDs aufgrund deren spekulativen Charakters absehen; aus diesem Grund wird das Thema CFDs in diesem Crashkurs nur angeschnitten. Einige Grundlagen sollten allerdings auch die Einsteiger kennen, damit sie einschätzen können, was sie vor sich haben, wenn ihnen ein CFD „begegnet".

Was ist ein CFD?

Ein CFD ist wie gesagt ein Derivat. Sein Kurs hängt an der Entwicklung des Basiswerts, des sogenannten Underlyings. Underlying für einen CFD können Indizes oder Währungen sein, aber auch Aktien, Anleihen oder Rohstoffe. Was den Kurs des CFDs bewegt, ist ausschließlich die Preisänderung (Difference) des Underlyings nach dem Erwerb des CFDs.

Dass ein CFD ein Hebelprodukt ist, ermöglicht dem Käufer einiges an Spielraum. Unter Einsatz nur eines Bruchteils des Kapitals, das er für den Erwerb des Underlyings benötigen würde, kann er dennoch in gleichem Maß von der Kursänderung profitieren, als hätte er das Underlying „gekauft". Steigt eine Aktie um einen Euro, steigt auch der Preis des auf sie bezogenen CFDs um einen Euro. Kostet diese Aktie 100,- Euro, entspricht der eine Euro einem Prozent. Kostet der CFD beispielsweise 2,- Euro, so verändert sich sein Wert durch die gleiche Kursbewegung um 50 Prozent. Das ist möglich, weil man CFD-Positionen nur zu einem Bruchteil mit Eigenkapital unterlegen muss. Man handelt also „auf Margin".

Bei CFDs gibt es, ebenso wie bei Aktien, einen Spread. Dieser bezeichnet die Differenz zwischen Briefseite und Geldseite, bei CFDs meistens „Ask" und „Bid" genannt (siehe auch Seite 70). Im Unterschied zu Aktien kommen Bid und Ask und somit auch der Spread nicht durch reale im Markt befindliche Orders zustande, sondern ausschließlich durch den Broker, der die Kurse stellt, den sogenannten Marketmaker. Anleger handeln also nicht mit anderen Anlegern, sondern kaufen und verkaufen ein Finanzprodukt mit einem Broker als Handelspartner.

Welche Vorteile und Risiken gibt es bei CFDs?

Ein Vorteil von CFDs ist, dass Anleger flexibel mit ihnen agieren und mit ihnen sowohl auf steigende („long gehen") als auch auf fallende („short gehen") Kurse des Underlyings setzen können. Ein weiterer Vorteil ist, dass der Anleger mit ihnen bei wenig Einsatz viel Kapital bewegen kann. Das ermöglicht sowohl das Absichern eigener Positionen (siehe „Strategien") als auch überproportionalen Profit – vorausgesetzt, der Anleger hat die Marktbewegung korrekt vorhergesehen.

Die Kehrseite der Medaille ist das überproportionale Verlustrisiko, das mit den genannten Vorteilen einhergeht.

 BEISPIEL

Ein Beispiel: Sie haben auf Ihrem CFD-Konto 5.000,- Euro. Nun kaufen Sie sich 100 CFDs auf eine Aktie. Die Aktie notiert bei 200,- Euro, Sie erhalten den CFD für 10,- Euro. Somit beträgt Ihr „Einsatz" zu Beginn 1.000,- Euro.

Nehmen wir weiter an, das Unternehmen hinter der Aktie präsentiert schlechte Quartalszahlen, woraufhin die Aktie um acht Prozent einbricht. Acht Prozent von 200,- sind 16,- Euro. Ihr CFD verliert ebenso diese 16,- Euro an Wert. Anders gesagt: Sie haben nicht nur Ihren kompletten Einsatz pro CFD von 10,- Euro (in der Summe 1.000,- Euro) verloren, Sie schulden Ihrem CFD-Broker auch 600,- Euro. Würde die Aktie um 25 % fallen (nicht sehr wahrscheinlich, aber durchaus möglich), dann läge der Kursverlust für den Aktionär bei 50,- Euro. Sie hätten in diesem Moment Ihr gesamtes CFD-Konto ausgelöscht, da die 50 Euro mal Ihre 100 CFDs bereits satte 5.000 Euro ausmachen.

Aus diesem Grund ist bei CFDs ein gutes Risikomanagement extrem wichtig. Demjenigen, der sich für diese Anlageklasse interessiert, ist dringend zu raten, sich mit diesem Thema im Detail vertraut zu machen. In jedem Fall sollte man die Möglichkeiten der Absicherung nutzen, die die meisten Broker mittlerweile bieten. Dazu gehören:

Stop-Loss und garantierter Stop
Ein normaler Stop-Loss ist bei einem CFD nicht geeignet, da die Kursbewegungen zu schnell und zu volatil erfolgen können. (Das Thema Stop-Loss behandeln wir in diesem Buch im Bereich Handelsgrundlagen noch ausführlicher) Er wird durch das Berühren der Stoppmarke ausgelöst und erzeugt eine Market-Order. Das ist bei CFDs nicht gesund.

Ein garantierter Stopp macht genau das, was er vermuten lässt: Er garantiert dem Anleger, der ihn einsetzt, dass der CFD beim Erreichen des eingegebenen Wertes zu diesem Wert verkauft wird.

Trailing-Stop
Ein Trailing-Stop ist für den Fall gedacht, dass sich Ihre Position gut entwickelt, weil der Markt in Ihre Richtung läuft. Er wird in einem bestimmten Abstand vom aktuellen Kurs platziert. Nach unten verändert er sich nicht, nach oben passt er sich weiter steigenden Kursen an. Er wird also von den steigenden Kursen „nachgezogen". Bewegt sich dann der Markt gegen Sie, erfolgt eine Stopp-Auslösung auf dem neuen, „nachgezogenen" Stoppniveau.

Für welche Strategien sind CFDs geeignet?
Mit CFDs kann man generell zwei Strategien verfolgen: Entweder auf Kursbewegungen mit mehr oder weniger Hebel spekulieren oder sein

Depot gegen befürchtete Verluste absichern, indem man mit den CFDs entsprechende Gegenpositionen aufbaut.

Was ist der Forex-Handel?

Wer in ein anderes Land reist, das weder zur Eurozone gehört noch den Euro als Zahlungsmittel akzeptiert, und in die Wechselstube geht, ist mit dem Umtausch von Euro in die Landeswährung genau genommen mittendrin in einem der spannendsten Bereiche des Kapitalmarkts: dem Devisenhandel, auch Forex-Handel genannt.

Der Begriff „Forex" stammt aus dem Englischen und ist eine Abkürzung für „foreign exchange", was nichts anderes bedeutet als Devisen. Nun wird die Größe dieses Marktes natürlich nicht vom Geldwechsel von Pauschaltouristen während der Urlaubszeit bestimmt. Für weitaus größere Volumina sorgen analog zum Aktienhandel institutionelle Investoren wie Großbanken. Sie sorgen mit ihren Geschäften dafür, dass der hauptsächlich elektronisch ablaufende Forex-Markt als der größte und liquideste Markt der Welt gilt. Hier werden täglich mehrere Billionen US-Dollar umgesetzt.

Doch auch Privatanleger haben die Möglichkeit, im Forex-Handel mitzumischen und auf die Kursentwicklung von sogenannten Währungspaaren zu setzen. In Paaren gehandelt werden Währungen immer, weil der Wert einer Währung nur dann bestimmt werden kann, wenn man sie in Relation zu einer anderen Währung setzt. Die wichtigsten Währungspaare nennt man Majors, ein solches ist beispielsweise Euro/US-Dollar. Der jeweilige Kurs gibt an, wie viele Euro ich für einen Dollar bekomme.

Da der Forex-Handel ein sehr anspruchsvolles Segment ist, sollten sich Anleger vor einem Engagement ausführlich mit dem Mechanismen dieses Marktes beschäftigen und sich über die Wirkungsweisen sowie Chancen und Risiken informieren. Mittlerweile bietet eine ganze Reihe von Forex-Brokern entsprechende Seminare und Webinare an. Gerade Börseneinsteiger sollten sich aber erst einmal an anderen Disziplinen der Börse versuchen, bevor sie sich an den komplexen und nicht immer leicht zu durchschauenden Forex-Handel wagen.

Wenn Sie nun glauben, sich für eine Investitionsmöglichkeit entschieden zu haben, sollten Sie wissen, wo Sie die für Ihre Wahl notwendigen Informationen erhalten.

Woher bekomme ich Informationen?

Wissen ist Macht

Wenn man über die Grundlagen beim Aktienhandel spricht, kommt man am Thema Information nicht vorbei. Denn Informationen gehören zum Rüstzeug des Börsianers. Warum? Weil sie der Treibstoff für Aktienkurse sein können.

Das bekannte Sprichwort „Wissen ist Macht", das der englische Philosoph und Staatsmann Francis Bacon bereits vor rund 400 Jahren prägte, ist in kaum einem anderen Zusammenhang so zutreffend wie am Aktienmarkt. Denn Aktienkurse reagieren vor allem auf Nachrichten. Gute Meldungen lassen die Kurse steigen, schlechte bewirken das Gegenteil. Zumindest in der Regel. Manchmal kommt es auch vor, dass Anleger infolge einer eigentlich guten Nachricht ihre Aktien verkaufen. Der Börsianer nennt dies „sell on good news". Wenn Investoren infolge guter Nachrichten verkaufen, gehen sie davon aus, dass nun alle positiven Meldungen bereits im Kurs enthalten sind. Weil sie deshalb keine weiteren Impulse für das Wertpapier erwarten, veräußern sie ihre Position.

Es kann auch vorkommen, dass Investoren schlechte Meldungen zum Kauf nutzen, „buy on bad news" nennt man das im Börsianerjargon. Die Anleger gehen dann davon aus, dass die Meldung, die vom Unternehmen gebracht wurde, nicht so schlecht ist, wie sie vom Markt vielleicht kurzfristig bewertet wird. Deshalb nutzen sie die gefallenen Kurse zum Kauf.

Damit Sie Nachrichten – ob auf die eine oder die andere Art – interpretieren können, müssen Sie sie aber erst einmal haben. Die richtige Information zur rechten Zeit – das ist eine der Grundvoraussetzungen für erfolgreiche Investments. Wir stellen die wichtigsten Informationsquellen für Börsianer vor und sagen Ihnen, wie sie zu beurteilen sind.

Lesen Sie Bücher!

Eine äußerst wichtige Informationsquelle – gerade für Einsteiger an der Börse – sind Bücher. Bücher wie „Crashkurs Börse", die Ihnen das Thema Aktien näherbringen, die Ihnen erklären, wie Börse funktioniert, und die Ihnen die Mechanismen des Marktes erläutern. Oder Bücher, die Ihnen die größten Börsenstrategien und ihre Investmentansätze vorstellen. Oder Bücher, die sich mit einzelnen Unternehmen und deren Erfolgsgeschichte befassen, die erklären, wie etwa das Internetunternehmen Google vom Start-up zum Milliardenkonzern geworden ist. Und auch wenn Bücher heute nicht mehr als das modernste Medium gelten – was in jahrzehntealten Börsenstandardwerken zum Aktienmarkt steht, kann immer noch aktuell und daher für Sie als Börsianer unverzichtbar sein.

Das Unternehmen als Informationsquelle

Eine weitere wichtige Quelle für Börsianer – gerade in Bezug auf einzelne Unternehmen – ist ebendiese Firma selbst. Da der normale Anleger zwar in der Regel kein Journalist ist, hat er auch nicht die Möglichkeit, ein Interview mit dem Vorstandschef eines Unternehmens zu führen und diesen nach dem aktuellen Stand seiner Firma zu befragen. Muss er aber vielleicht auch gar nicht. Zum einen sagen viele Konzernchefs in Interviews oft sowieso nur das, was man ohnehin schon weiß. Zum anderen dürfen sie über die finanzielle Entwicklung ihrer Gesellschaft aus rechtlichen Gründen gar nichts erzählen, bevor sie es der Öffentlichkeit transparent machen.

Nein, wenn Sie sich als Privatanleger selbst ein Bild vom Unternehmen machen wollen, wenn Sie die genauen Daten einer einzelnen Gesellschaft haben wollen, sollten Sie sich zumindest einmal den Geschäftsbericht dieses Unternehmens angeschaut haben. Den können Sie entweder direkt beim jeweiligen Unternehmen anfordern oder – was noch bequemer ist – von dessen Internetseite herunterladen. Man findet eine solche Download-Möglichkeit zumeist unter dem Menüpunkt „Investor Relations". Große Unternehmen wie etwa die im DAX gelisteten Konzerne bieten einen solchen Service in der Regel an, bei kleineren Unternehmen müssen Sie unter Umständen die zuständige

Investor-Relations-Abteilung kontaktieren. Haben Sie dann den Geschäftsbericht in der Hand, können Sie sich selbst einen objektiven Eindruck von einem Unternehmen verschaffen, ob etwa die Bilanz Schwächen aufweist und wie die Ertragsstärke der Gesellschaft im abgelaufenen Quartal war. Wie Sie auch als Nicht-Betriebswirtschaftler die wichtigsten Fakten aus einem Geschäftsbericht herausfiltern und diese interpretieren, erfahren Sie in diesem Buch im Kapitel „So beurteile ich ein Investment".

Darüber hinaus dürften Sie auch bei aktuellen Meldungen zu einem Unternehmen auf dessen Internetseite fündig werden. Zumindest dann, wenn die Nachrichten relevant für die Entwicklung des Aktienkurses sind. Denn die börsennotierten Unternehmen sind gesetzlich verpflichtet, solche Meldungen umgehend der Öffentlichkeit zugänglich zu machen. Der Börsianer spricht in diesem Zusammenhang von der Pflicht zur Ad-hoc-Publizität. Die Formulierung „ad hoc" stammt aus dem Lateinischen und heißt übersetzt so viel wie sofort.

Wenn Sie nach der Lektüre des Geschäftsberichts zu dem Schluss gekommen sind, dass eine Investition in das jeweilige Unternehmen etwa vor dem Hintergrund einer starken Bilanz lohnenswert sein könnte, sollten Sie weitere Informationen einholen. Was sagen etwa die Experten zu „Ihrer" Aktie? Studien zu verschiedenen Unternehmen und ihren Aktien werden zum Beispiel von vielen Banken und Investmenthäusern herausgegeben. Da aber die wenigsten von ihnen großzügig damit umgehen, muss man mitunter schon ein bisschen recherchieren, um an eine solche Studie zu gelangen. Im Zweifelsfall hilft dabei manchmal ein Anruf bei der Gesellschaft.

TIPP

Besorgen Sie sich über Telefon, per Post oder via Internet den Geschäftsbericht des Unternehmens, das Sie für ein Investment ins Auge gefasst haben. Der Geschäftsbericht kann viel über die Gesellschaft erzählen. Zudem bekommen Sie auch aktuelle Informationen, die für den Kursverlauf relevant sein könnten, vom Unternehmen selbst. Prüfen Sie, ob „Ihr" Unternehmen einen

Account bei Facebook, Twitter und Co unterhält, und abonnieren Sie diesen.

Aber auch hier ist Vorsicht angebracht. Häufig kommt es vor, dass Banken Studien zu Aktien von Unternehmen anfertigen, in die sie selber investiert sind. Dann droht ein klassischer Interessenskonflikt. Auch wenn Analysten und Investmentbanker laut Gesetz strikt voneinander getrennt sein müssen, ist die Gefahr nicht von der Hand zu weisen, dass in Einzelfällen eine Bank allzu positive Studien über ein Unternehmen herausgibt, in das sie zuvor investiert hat. Das sollten Sie zumindest im Hinterkopf haben, wenn Sie eine Studie in der Hand haben.

Tageszeitung ist Pflicht ...

Auch wenn man ihnen schon seit vielen Jahren das Aussterben vorhersagt – gedruckte Produkte zum Thema Aktien haben durchaus ihre Daseinsberechtigung. Denn Printprodukte wie Zeitungen und Magazine steigen tief in die Materie ein. Sie bieten quasi den Hintergrund für eine Nachricht. Und wenn Sie ein guter Anleger sein wollen, sollten Sie immer im Bilde darüber sein, nicht nur was passiert ist, sondern auch weshalb etwas passiert ist.

Mal ganz abgesehen davon, dass die Lektüre der Tageszeitung der Allgemeinbildung förderlich ist, sollten Sie diese als Börsianer regelmäßig lesen. Zum einen, weil Sie sich über ihren Finanzteil ein Bild vom aktuellen Geschehen an den Finanzmärkten und der Geschäftsentwicklung einzelner Firmen machen können, mit allem, was dazugehört: Marktberichten, Branchenausblicken und Unternehmensnachrichten. Zum anderen können Sie aber auch bei der Lektüre anderer Rubriken dieser Zeitung auf Branchentrends stoßen, die Ihnen eines Tages zum Erfolg am Aktienmarkt gereichen können. Wer etwa vor einigen Jahren gelesen hat, dass die Rohstoffe immer knapper werden und die Solarenergie womöglich in Zukunft als Alternative zu Öl und Kohle infrage kommt, hätte mit einer entsprechenden Spekulation an der Börse einen ordentlichen Gewinn machen können.

In diesem Zusammenhang ist es sogar sinnvoll, dass Sie sich den Lokalteil Ihrer Zeitung zu Gemüte führen. Denn wo sind Trends spürbarer als in der unmittelbaren Nachbarschaft? Swen Lorenz etwa, der Buchautor von „Reisenotizen eines Börsenprofis", betont auf seinen Vorträgen immer wieder, dass er auf seinen Reisen um die Welt bei der Lektüre des Regionalteils von Zeitungen oftmals auf ungewöhnliche und gerade deshalb äußerst erfolgreiche Investmentmöglichkeiten gestoßen ist.

... Börsenmagazin die Kür

Ähnliches wie Tageszeitungen leisten auch Börsenmagazine. Sie stöbern Branchen und Trends auf und klopfen diese auf ihr Potenzial an der Börse ab. In solchen Magazinen finden Sie Artikel, die noch mehr in die Tiefe gehen. Und die Ihnen bei der einen oder anderen Aktie eine konkrete Empfehlung geben, wie Sie sich bei diesem Papier am besten verhalten, ob Sie es halten, verkaufen oder sogar noch ein paar Stücke kaufen sollen. Zudem warten Börsenmagazine mit detaillierten Analysen von Kursverläufen und Rückbetrachtungen früherer Aktienempfehlungen auf. Das Angebot ist noch mehr als der Finanzteil einer Tageszeitung auf den aktiven Börsianer ausgerichtet – und das ist es ja schließlich, was Sie einmal werden wollen.

 Ganz wichtig: Die regelmäßige Recherche mithilfe von Tages- und Finanzzeitungen als Basis sowie von Börsenmagazinen als Vertiefung ist ein Muss für jeden, der wirklich wissen will, in was er eigentlich investiert. Nur mit dem richtigen Hintergrundwissen werden Sie langfristig Erfolg am Aktienmarkt haben.

Infos in bewegten Bildern

Ähnlich wichtig wie die Lektüre von Zeitungen und Magazinen ist die Recherche über das Medium Fernsehen. Dort bekommen Sie in bewegten Bildern gezeigt, was ein Unternehmen überhaupt so produziert. Unter Umständen sehen Sie dann zum ersten Mal, wie die Produkte der Firma, in deren Aktie Sie vielleicht schon seit Jahren investiert sind, überhaupt aussehen oder funktionieren. Das Angebot an Programmen, die sich mit dem Thema Finanzen beschäftigen, ist gerade im vergangenen Jahrzehnt stark angewachsen. Mittlerweile gibt es gleich mehrere TV-Sender, die sich mit dem Thema Finanzen beschäftigen. Da wären etwa n-tv und N24 zu nennen, die regelmäßige Sendungen in Sachen Wirtschaft und Börse im Programm haben. Oder beispielsweise der Web-TV-Sender DER AKTIONÄR TV, der noch mehr Fokus auf das Thema Börse legt als seine Mitbewerber.

Einen weiteren Pluspunkt hat das Fernsehen: Manche Sender, etwa ARD, ZDF, das dritte Programm des Bayerischen Fernsehens und n-tv, bieten in ihrem Videotext auch eine Rubrik Börse an. Dort kann sich der Anleger, der das Internet gerade nicht nutzen kann oder will, über die Kurse seiner Aktien informieren.

 Auch Fernsehen ist Pflicht. In bewegten Bildern bekommt man möglicherweise erstmals einen Eindruck davon, was das Unternehmen überhaupt so treibt, in das man investieren möchte.

Videotextseiten zum Thema Börse:

▶ ARD: Kurse der Börse Stuttgart ab Seite 720
▶ ZDF: Kurse auf Xetra oder Parkett Frankfurt ab Seite 600
▶ Bayerisches Fernsehen: Kurse der Börse München ab Seite 520
▶ n-tv: Kurse ab Seite 200

Was meint der Markt?

Sollte der Anleger nach der Lektüre des Geschäftsberichts, einer entsprechenden Studie und eines Artikels in einem Börsenmagazin immer noch der Überzeugung sein, „seine" Aktie sei aussichtsreich, sollte er sich auch einmal umhören, was man im Markt so von dem Papier hält. Nicht dass es maßgeblich wäre, was andere darüber denken. Aber mitunter ist eine andere Sicht der Dinge sehr erhellend.

Die einfachste Methode, um an solche Meinungen heranzukommen, ist ein Blick ins Internet. In verschiedenen Foren, den sogenannten Message Boards, werden Aktien von Börsianern besprochen. Denn das ist der große Vorteil des Internets gegenüber allen anderen Medien: Es macht die Interaktion zwischen den Teilnehmern möglich – da können weder Bücher noch Magazine noch das Fernsehen mithalten.

Aber Achtung – nicht auf jede Meinung im Internet sollte man etwas geben. Zum einen weiß man nicht, wer genau da so großzügig mit Informationen um sich wirft. Mitunter klinken sich nämlich professionelle Aktienpromoter in die Diskussionen in einem Board ein, um Papiere – möglicherweise die der Firma ihres Auftraggebers – in den Himmel zu loben. Oder aber es sind Privatanleger, die die von ihnen besprochenen Aktien selber halten und nun dafür die Werbetrommel rühren, um den Kurs der Werte nach oben zu treiben. Zum anderen müssen Meinungen nicht immer auch Tatsachen als Grundlage haben.

Für den Neueinsteiger ist es schwierig, dabei zwischen Gut und Böse zu unterscheiden. Allerdings wird er das im Laufe der Zeit lernen – Börse ist bekanntlich zu einem nicht unerheblichen Teil auch eine Frage der Erfahrung.

 TIPP

Besuchen Sie ruhig die Message Boards im Internet. Zwischen einigen unqualifizierten Meldungen finden Sie auch viele gehaltvolle Meinungen zum Markt oder zu einer Einzelaktie, die Sie weiterbringen können. Nur tun Sie sich einen Gefallen: Nehmen Sie nicht alles für bare Münze, was dort geschrieben wird. Als alleinige Informationsquelle sind Internetforen definitiv nicht ausreichend.

Schnelligkeit siegt

Generell hat das Internet aber einen viel größeren Vorteil als nur die Möglichkeit einer Plattform: Das Netz ist in jedem Fall die schnellste aller Informationsquellen. Hier bekommen Sie nicht nur aktuelle Kurse – oft mit einer Verzögerung von nur 15 bis 20 Minuten, auf manchen Seiten sogar Echtzeitkurse –, sondern auch brandaktuelle Informationen.

Printprodukte wie Zeitungen und Magazine haben den einfachen Nachteil, dass sie gedruckt werden müssen. Und genau das bringt eine gewisse zeitliche Verzögerung mit sich, die am Aktienmarkt entscheidend sein kann. Denn schnell werden auch Sie als Neueinsteiger merken, dass ebenso wie Wissen Macht ist, Zeit Geld ist. Das betrifft nicht nur die Kurse, sondern auch Unternehmensnachrichten und Analystenkommentare: Je früher Sie eine bestimmte Information haben, umso besser. Schließlich gilt am Aktienmarkt eines: Sie müssen eigentlich nur das tun, was der Rest des Marktes auch macht – nur einfach ein bisschen früher.

Geschehnisse und Meinungen, über die Sie in der Zeitung lesen, finden Sie oft schon am Vortag im Internet – und können somit einen Tag früher handeln. Und ob Sie von einer Meldung einige Stunden früher oder einige Stunden später erfahren, kann mitunter einen gehörigen Unterschied bei der Wertentwicklung eines Investments ausmachen. Nicht selten können dies Prozentbeträge im zweistelligen Bereich sein.

Es gibt mittlerweile im Netz fast unzählige Quellen, die gemeinsam von der Kursversorgung bis zum Hintergrundwissen alle Themen abdecken. Als Einsteiger sollten Sie für die Recherche im Web aber auch eines wissen: Internetseite ist nicht gleich Internetseite. Die verschiedenen Angebote haben auch unterschiedliche Stärken. Einen der besten Internetauftritte bietet beispielsweise aufgrund der Menge an umfassenden Informationen die Deutsche Börse. Hier finden sich viele Aspekte, von der Zusammensetzung einzelner Indizes über aktuelle Unternehmensnachrichten bis hin zu einem ausführlichen Know-how-Teil, der nicht nur für Anfänger, sondern auch für Fortgeschrittene interessant ist.

Wer sich im deutschsprachigen Netz über die aktuellen Kurse und Neuigkeiten informieren möchte, der wird auf Seiten wie ariva.de, finanzen.net, deraktionaer.de oder wallstreet-online.de fündig. Gut besuchte Foren findet man bei wallstreet-online.de oder, wenn man es tradingaffiner mag, unter peketec.de. Trader und Charttechniker sind auch bei godmode-trader.de sehr gut aufgehoben. Und längst haben auch alle Anbieter mehr oder weniger umfangreiche Apps im Angebot, die von Kursversorgung bis Newsfeed, von Charts bis Aktienhandel alle Aspekte abdecken. Moderne Anleger können sich auf dem Smartphone mobil überall und jederzeit über aktuelle Entwicklungen informieren und mit dem Kauf oder Verkauf von Aktien direkt darauf reagieren.

Zeit ist Geld: Zuerst waren es Tageszeitungen, dann der Videotext. Das Internet war der nächste Sprung in Sachen Geschwindigkeit. In Kombination mit Mobilgeräten und leistungsstarken Apps versetzt es den Anleger heute in die Lage, überall und jederzeit aktiv zu werden.

Achten Sie auf den Boulevard!

Und auch wenn das Angebot manchmal unübersichtlich erscheint – grundsätzlich kann alles wichtig sein, was Sie an Informationen aufgreifen können. Auch wenn es auf den ersten Blick gar nicht so aussagekräftig erscheint. Ein Beispiel: Eine große deutsche Boulevardzeitung titelt „DAX auf Rekordhoch, werden auch Sie reich mit Aktien!" Was sollen Sie tun? Nun, wenn jeder, der diese Zeitung kauft, daraufhin Aktien kauft, dürfte ein Großteil der Deutschen investiert sein. Als Konsequenz sollte man erst mal keine Aktien kaufen, sondern eventuell sogar seine Aktienpositionen verkaufen. Warum? Nicht etwa, weil die Redakteure der Zeitung keine Ahnung hätten, sondern weil der Markt auf dem vorläufigen Höhepunkt angekommen sein dürfte. Denn wenn nahezu jeder im Markt ist – wer soll dann noch investieren und somit für steigende Kurse sorgen?

 Alles kann wichtig sein, jede Information kann eine Botschaft beinhalten, die man am Aktienmarkt ausspielen kann. Gehen Sie mit offenen Augen und Ohren durch die Welt.

Alles zählt

Man sieht, auch wenn das Internet auf dem Vormarsch ist, es gibt kein Medium, das Sie bei der Recherche zum Aktienhandel favorisieren, geschweige denn vernachlässigen sollten. Bücher bilden eine gute Grundlage, weil sie wichtiges Basiswissen vermitteln. Tageszeitungen sind Pflichtlektüre, weil sie Hintergrundwissen zu Unternehmen und Managern anbieten. Börsenmagazine punkten mit tiefer gehenden Informationen und konkreten Empfehlungen. Und das Internet ist aufgrund seiner Schnelligkeit ein unverzichtbarer Lieferant von Aktienkursen und zudem ein Anbieter von Plattformen für Gleichgesinnte, die sich über die Märkte und einzelne Papiere austauschen wollen. Als guter Börsianer sollten Sie auf der Suche nach der richtigen Aktie alle diese Quellen nutzen.

 Als Börsianer sollten Sie sich immer weiterbilden. Sie sollten Bücher über die Hintergründe am Markt und die Mechanismen der Börse lesen sowie die verschiedenen Investmentansätze erfolgreicher Trader verfolgen. Schließlich sollten Sie die Kommentare unterschiedlicher Marktanalysten studieren. Man kann nie genug über die Börse wissen. Auch die ältesten Hasen unter den Investoren bestätigen immer wieder, dass sie nie auslernen, sondern immer noch neue Erkenntnisse über Aktien und Co dazugewinnen. Selbst wenn es vielleicht etwas albern klingen mag: Börse hat immer auch ein kleines bisschen mit Detektivarbeit zu tun.

Einige ausgewählte Webseiten für Einsteiger

- ▶ *www.wallstreet-online.de* bietet Kurse, News und gut besuchte Foren
- ▶ *www.deraktionaer.de*   liefert permanent News und Einschätzungen von Experten
- ▶ *www.deutsche-boerse.com* bietet alles rund um das Thema Börse
- ▶ *www.godmode-trader.de*   ist eine beliebte Anlaufstelle für Trader und Charttechniker
- ▶ *www.finanzen.net*   bietet Kurse, News und Analysen

KAPITEL 3

SO FUNKTIONIERT DIE BÖRSE

Börsenhandel – wie geht das?

Welche Formen von Wertpapieren es gibt, wissen Sie nun. Auch, dass diese an der Börse gehandelt werden. Doch wie funktioniert das genau? Eigentlich ganz einfach und wie auf einem normalen Wochenmarkt. Es gibt Verkäufer und Käufer, nur dass an der Börse keine Tomaten oder Kopfsalat angeboten werden, sondern Wertpapiere. Und noch eine Sache ist besonders: An die Börse können Sie nicht persönlich gehen, um Ihre Geschäfte abzuwickeln. Dies erledigt entweder ein Makler oder ein Computer für Sie. Im Prinzip werden zwei verschiedene Arten von Wertpapierbörsen unterschieden: die Präsenzbörse und die elektronische Börse. Bei der Präsenzbörse sind Händler, sogenannte Makler, physisch vor Ort. Die Händler bringen Käufer und Verkäufer zusammen. Aus allen Angeboten und Nachfragen, die bei der Börse eingehen, ermitteln sie die, die zusammenpassen, und ermöglichen so den Handel. Für ihre Bemühungen berechnen die Makler eine Gebühr, die sogenannte Courtage. Weil die Fußböden der Handelssäle in den Börsen zu früheren Zeiten in der Regel mit Parkett ausgelegt waren, wird diese Form der Börse auch als Parketthandel bezeichnet.

Doch der Parketthandel ist heute eine Erscheinung, die zunehmend an Bedeutung verliert. Abgelöst wurde er in den letzten Jahren vermehrt durch die sogenannten Computerbörsen, bei denen elektronische Handelssysteme die Funktion der Makler übernehmen. In Deutschland ist dies beispielsweise die Handelsplattform Xetra (siehe auch Seite 72), über die mittlerweile über 95 Prozent der Wertpapiertransaktionen abgewickelt werden.

Wie wird man Aktionär?

An der Börse zu handeln, sprich Aktionär zu werden, ist viel einfacher, als sich die meisten Menschen vorstellen. Die Zeiten, in denen die Börse ein elitärer Klub war, der betuchten Herren in Zweireihern und mit dicken Zigarren vorbehalten blieb, sind lange vorbei. Um heute als Privatanleger an der Börse zu handeln, reichen ein gewisses Startkapital und ein Aktienkonto, ein sogenanntes Depot.

Apropos Startkapital: Es ist nicht notwendig, mit riesigen Geldsummen an der Börse zu handeln. Auch mit Summen von wenigen Tausend Euro lassen sich sinnvolle Transaktionen tätigen. Für ein kleines Depot etwa sind Summen von 3.000 bis 5.000 Euro für den Anfang ausreichend.

Doch einen Grundsatz sollten Sie unbedingt beherzigen und zu Ihrem obersten Gebot machen: Spekulieren Sie stets nur mit Geld, das Sie übrig haben. Investieren Sie nie Geld, das Sie brauchen, um ihr tägliches Leben zu bestreiten, oder von dem Sie wissen, dass es für wichtige Anschaffungen schon verplant ist. Noch weniger sollten Sie mit Geld spekulieren, das Sie sich geliehen haben, sei es bei der Bank oder bei Freunden. An die Börse gehören stets nur Beträge, die Sie zur freien Verfügung haben.

 Spekulieren Sie ausschließlich mit Geld an der Börse, dessen Verlust Sie im Extremfall auch verschmerzen könnten. Absolut tabu sind Summen, die bereits anderweitig verplant sind und in absehbarer Zeit fällig werden!

Die Wahl des richtigen Brokers

Als Anleger können Sie wie erwähnt nicht direkt zum Unternehmen oder an die Börse selbst gehen, um Anteilscheine zu erwerben. Die Geschäfte werden über eine Bank, auch Broker genannt, abgewickelt. Dies kann zum Beispiel die eigene Hausbank sein. Hier haben Sie häufig den Vorteil, dass Sie den Bankberater persönlich kennen und sich bei Fragen entsprechend vertrauensvoll an Ihren Betreuer wenden können. Dort eröffnen Sie neben Ihrem Konto ein sogenanntes Depot, in das die Wertpapiere, die Sie kaufen, virtuell eingebucht werden. Ein Depot ist also für Aktien das, was ein Konto für Ihr Geld ist: Ihre Aktien werden dort virtuell aufbewahrt. Das geschieht in fast allen Fällen. Man kann sich Aktien zwar theoretisch auch in natura aushändigen lassen, das geschieht jedoch so gut wie nie. Die Kosten für die Aktienkäufe werden von einem Verrechnungskonto, etwa Ihrem Girokonto, das Sie bei der Eröffnung des Depots angeben müssen, abgebucht.

Um einen Kauf zu tätigen, müssen Sie nun die Bank beauftragen, eine Order an der Börse zu platzieren. Dafür stehen Ihnen mehrere Kanäle zur Verfügung. Sie können persönlich in der Bankfiliale vorstellig werden und den Kauf in Auftrag geben oder Sie erledigen dies durch einen Telefonanruf. In der Regel wird bei dieser Methode vorab ein bestimmtes Passwort festgelegt, damit Sie am Telefon eindeutig zu identifizieren sind und niemand anderes Orders auf Ihre Rechnung aufgeben kann. Eine weitere Möglichkeit besteht in der Order per Fax. Die meisten Hausbanken bieten mittlerweile auch die Möglichkeit der Order via Internet.

Die vielen Vorteile, die Ihnen Ihre Hausbank auf den ersten Blick bietet, haben auf den zweiten Blick jedoch einen entscheidenden Nachteil: die Kosten. Beratung, Personal, Filialnetz – all dies sind Kosten, welche die Banken letztlich auf ihre Kunden, also auf Sie, abwälzen. Dies schlägt sich zum Beispiel in hohen Depotgebühren oder happigen Transaktionskosten nieder. Und die drücken dann wieder auf die Performance. Das ist der Hauptgrund, weshalb auch unter Privatanlegern sogenannte Discountbroker in den letzten Jahren immer beliebter geworden sind.

Discountbroker – eine Frage der Vorlieben

Seit dem Börsenboom in den Jahren 1999 und 2000 haben die sogenannten Discountbroker den Hausbanken bei den Aktiengeschäften mit Privatkunden weitgehend den Rang abgelaufen. Vielfach werden diese Banken, die sich ausschließlich auf die Geschäfte mit Wertpapieren spezialisiert haben, auch Onlinebroker genannt, weil der Großteil der Geschäfte über das Internet abgewickelt wird. Wer sich für diese Art von Börsengeschäften entscheidet, sollte also über einen internetfähigen Computer und einen Netzzugang verfügen.

Allein in Deutschland gibt es eine Vielzahl an Onlinebrokern. Vor allem hinter den Branchengrößen stehen in der Regel renommierte und große Bankhäuser. Es gibt daneben aber auch neue Anbieter, die sich in den vergangenen Jahren vor allem dank eines kundenfreundlichen Kosten- und Gebührenmodells im Markt etabliert haben, darunter etwa flatex, Directa und Onvista Bank.

Die Frage, welcher Onlinebroker sich für welchen Anleger eignet, lässt sich pauschal nicht beantworten. Die Wahl hängt sehr stark von den individuellen Vorlieben und Strategien ab. Unterschiede gibt es zum einen bei den Gebühren. Hier kann der Vergleich durchaus lohnen. Denn mittlerweile verzichten bereits einige große Anbieter komplett auf jährliche Depotgebühren, während die Konkurrenz teilweise noch über 20 Euro pro Jahr allein für diesen Posten veranschlagt.

Ein Auge sollte man zum anderen natürlich auch auf die Kosten werfen, die für Transaktionen anfallen. Hier liegen die meisten Broker aufgrund der harten Wettbewerbssituation zwar recht nahe beieinander, doch der Teufel steckt im Detail: Manchmal kommt es vor, dass ein Kaufwunsch in mehreren Tranchen ausgeführt werden muss, weil zum Zeitpunkt des ersten Kaufs nicht ausreichend viele der gewünschten Wertpapiere am Markt verfügbar sind. In diesem Zusammenhang spricht man von Teilausführungen. Beim einen Broker zahlt der Anleger nur einmal Transaktionskosten, egal wie viele Teilausführungen es gibt. Beim anderen muss der Investor jede Teilausführung extra berappen, was auf die Dauer nicht nur ins Geld geht, sondern auch ordentlich auf die Wertentwicklung drückt. Es kann sich also durchaus bezahlt machen, etwas höhere Transaktionskosten in Kauf zu nehmen, wenn dafür alle Teilausführungen inklusive sind.

Neben den Gebühren gibt es auch andere wichtige Kriterien, die man bei der Wahl des Onlinebrokers beachten sollte. Zum Beispiel die Angebotspalette. An welchen Börsenplätzen kann ich bei meinem Broker handeln, bietet er auch den Handel an Auslandsbörsen an? Welche Fonds bietet der Broker an? Wer vorhat, vor allem in Fonds zu investieren, ist zum Beispiel bei einem Anbieter mit Großbanken-Hintergrund besser aufgehoben. Denn diese Banken legen selber Fonds auf, die dann meist zu günstigen Konditionen über den Onlinebroker vertrieben werden.

In schwierigen Börsenzeiten schließlich kann es sinnvoll sein, seine Wertpapierbestände zu reduzieren und dafür Bargeld auf dem Konto zu parken. Der Fachmann spricht davon, dass die Cash-Quote erhöht wird. Dann sind auch eventuelle Zinsen, die es aufs Tagesgeld gibt, zu beachten.

Fachzeitschriften wie *Der Aktionär*, *Börse online* oder *Finanztest* nehmen regelmäßig die wichtigsten Onlinebroker unter die Lupe und arbeiten deren Vor- und Nachteile heraus. Nützliche Informationen, die bei der Auswahl des richtigen Brokers helfen können, finden Anleger auch im Internet auf Seiten wie www.broker-test.de.

ENTSCHEIDUNGSPARAMETER BEI DER WAHL DES BROKERS

BERATUNG:
Wollen Sie einfach nur handeln oder wollen Sie von einem Mitarbeiter beraten werden? Wer Beratung will, wird in der Regel bei einer Hausbank oder einem entsprechend ausgerichteten Onlinebroker landen.

KOSTEN:
Je mehr Beratung und je mehr Dienstleistungen angeboten werden, desto höher sind im Normalfall die Kosten pro ausgeführter

Order. Kosten, die anfallen können, sind unter anderem: Ordergebühren, Börsengebühren, Maklergebühren, Limitgebühren, Streichungsgebühren, Änderungsgebühren und Teilausführungsgebühren. Hinzu kommen allgemeine Konto- und Depotführungsgebühren. Der Kostenaspekt ist für viele Anleger besonders wichtig: Wer ausschließlich in Eigenregie handeln will, der sollte einen der billigeren Discountbroker wählen. Wer Beratung möchte, der muss höhere Gebühren in Kauf nehmen.

VERFÜGBARKEIT:

Wann wollen Sie handeln? Sind Sie Day-Trader oder kaufen und verkaufen Sie gerade einmal im Jahr? Wenn Sie ein Depot bei Ihrer Hausbank haben, sind Sie möglicherweise an deren Öffnungszeiten gebunden. Der Onlinebroker ist im Internet erreichbar. Wie steht es mit der Zuverlässigkeit (gerade bei Internetanbietern): Sind die Systeme stabil und laufen problemlos oder hört man immer wieder von technischen Problemen?

ORDERWEGE:

Wie können Sie Ihre Order aufgeben? Persönlich? Telefonisch? Via Internet? Jeder dieser Wege bedeutet einen unterschiedlichen Grad an Feedback durch den Broker und an Geschwindigkeit und Verfügbarkeit.

EXTRAS:

Werden Fondssparpläne angeboten? Gibt es dauerhafte Rabattaktionen? Gibt es kostenlose Kurse? Gibt es Handelssoftware? Manche dieser Fragen sind eher für Fortgeschrittene interessant, aber sicher ist sicher ...

GRUNDLEGENDES:

Ist Ihr Geld sicher? Hat der Broker in Deutschland eine Zulassung? Ist er Mitglied im Einlagensicherungsfonds?

POSTIDENT – EINE PRAKTISCHE SACHE

Wenn Sie ein Depot bei einem Onlinebroker eröffnen wollen, müssen Sie einen entsprechenden Antrag ausfüllen. Diesen erhalten Sie direkt von Ihrem Broker oder können ihn meist auch aus dem Internet herunterladen. In der Regel liegt dem Antrag zur Kontoeröffnung ein sogenannter Postident-Coupon bei. Das Postident-Verfahren dient dazu, die Identität des Antragstellers zweifelsfrei festzustellen. Praktisch funktioniert es so: Sie packen Ihren ausgefüllten Antrag in einen Briefumschlag, verschließen diesen jedoch noch nicht. Mit dem Antrag, dem Postident-Coupon und einem gültigen Ausweis, entweder einem Personalausweis oder einem Reisepass, begeben Sie sich zu einer Postfiliale Ihrer Wahl. Dort stellt der Postbeamte Ihre Identität mittels des Ausweises fest und bestätigt diese durch seine Unterschrift. Der unterschriebene Postident-Coupon wandert nun in den Umschlag zu Ihrem Antrag und wird an die Bank verschickt.

Das Postident-Verfahren ist für beide Parteien, also sowohl für den Antragsteller als auch für die Banken, von Vorteil. Dem Antragsteller garantiert es, dass niemand anderes in seinem Namen ein Konto eröffnen kann. Die Banken erfüllen mit dem Postident-Verfahren eine Auflage des sogenannten Geldwäschegesetzes. Demnach sind sie verpflichtet, bei der Kontoeröffnung die Identität des Kontoinhabers zu prüfen.

Eine Alternative zum Postident, die manche Broker seit einiger Zeit anbieten, ist das Videoident- oder Webident-Verfahren, bei dem der Kunde sich nicht in eine Postfiliale begeben muss, sondern sich bequem von zu Hause oder dem Arbeitsplatz aus legitimieren lassen kann.

So handeln Anleger richtig

Wie kommt ein Kurs zustande?

Wir haben bereits gehört: An der Börse treffen sich Käufer und Verkäufer. Wie immer im Wirtschaftsleben bestimmen auch hier Angebot und Nachfrage den Preis. An der Börse gibt es für jedes Wertpapier immer zwei aktuelle Preise: das höchste Kaufangebot und die niedrigste Verkaufsofferte. Der Preis des höchsten Kaufangebots wird Geldkurs (englisch: „bid") genannt. Der Preis des niedrigsten Verkaufsangebots wird Briefkurs oder englisch „ask" genannt. Eine Aktie notiert beispielsweise „22,30 zu 22,10". Der letzte Kurs, der angezeigt wird, gibt an, auf welchem Preislevel sich Käufer und Verkäufer zum letzten Mal „geeinigt" haben.

TIPP

Angebot und Nachfrage machen den Preis.
Der Makler bringt Kauf- und Verkaufsaufträge zusammen.

Ein Beispiel: Käufer A ist bereit, 100 Stück der Aktie X für maximal 9,80 Euro zu kaufen. Verkäufer B ist bereit, 100 Stück der Aktie X für minimal 10,20 Euro zu verkaufen.

Im Fachjargon sagt man also: „Bei Aktie X stehen 100 Stück für 9,80 auf der Geldseite und 100 Stück für 10,20 auf der Briefseite." In diesem Fall kommt zunächst natürlich kein Kurs zustande. Angenommen, Käufer C ordert nun 80 Stück der Aktie X unlimitiert, dann kauft er zum aktuellen Briefkurs von 10,20. In diesem Moment ist eine Transaktion und somit ein Kurs zustande gekommen. Nun stehen nur noch 20 Stück der Aktie X zu 10,20 Euro auf der Briefseite. Der letzte Kurs der Aktie beträgt 10,20 Euro.

In der Realität werden bei den meisten Aktien permanent sehr viele Kauf- und Verkaufsorders platziert, sodass im Regelfall immer zueinanderpassende Orders vorliegen. Diese Orders zusammenzuführen ist die Aufgabe des Maklers. Er soll Geld- und Briefkurse so stellen, dass möglichst viele anstehende Orders ausgeführt werden können. Somit kommen bei großen Werten jeden Tag mehrere Hundert Kurse zustande. Gerade bei illiquiden Werten ist aber die große Sorge vieler Einsteiger, ob ein Ausstieg jederzeit möglich ist.

Kann man immer verkaufen?

Prinzipiell ja. Bei großen und liquide gehandelten Werten liegen immer so viele Kauf- und Verkaufsorders vor, dass eine Position problemlos im Bereich des letzten festgestellten Kurses verkauft werden kann. Bei kleineren und unbekannten Titeln, sogenannten marktengen Papieren, kann es allerdings geschehen, dass die beste Geldorder weit unter dem gewünschten Kurs liegt. Dann kann man zwar verkaufen, muss aber einen Verlust hinnehmen.

Wie handelt man Wertpapiere?

Wenn Sie sich für ein bestimmtes Wertpapier entschieden haben, dann müssen Sie dies Ihrem Broker mitteilen, der dann die Transaktion für Sie durchführt. Ihren Auftrag können Sie beispielsweise telefonisch oder via Internet erteilen. Damit alles so abläuft, wie Sie es möchten, sollten Sie einige Punkte beachten.

Rein oder raus?

Zunächst gilt es, die grundlegende Entscheidung zu treffen: Wollen Sie kaufen oder verkaufen? Am Telefon können Sie das einfach sagen. Auf den Internetseiten oder in den Handels-Tools der Onlinebroker müssen Sie dazu einfach entweder „Kauf" oder „Verkauf" anklicken.

Welches Wertpapier?

Als Nächstes ist wichtig, um welches Wertpapier es geht. Neben dem Namen der Gesellschaft ist jedes Wertpapier durch eine Wertpapierkennnummer (WKN) sowie die International Securities Identification Number (ISIN) eindeutig identifizierbar. Die WKN ist eine sechsstellige Zahlen- oder Buchstaben-Zahlen-Kombination. Die ISIN ist eine zwölfstellige Buchstaben-Zahlen-Kombination. Die ersten beiden Zeichen einer ISIN entsprechen der Kennung des Landes, aus dem das Wertpapier stammt beziehungsweise in dem der Emittent des Wertpapiers seinen Sitz hat. Es folgt die neunstellige National Securities Identification Number (NSIN). Im Falle deutscher Aktien ist das nichts anderes als die alte WKN, der dreimal die Ziffer Null vorangestellt wird. Den Abschluss bildet eine Prüfziffer.

Nachdem Sie nun bereits geklärt haben, um welches Wertpapier es sich dreht und auf welcher Seite des Marktes Sie stehen, gilt es nun, die Ordergröße zu klären.

Wie viele Aktien?

„Wie viele Aktien muss ich mindestens kaufen?" Die Antwort auf diese oft gestellte Frage lautet: eine. Es gibt bei Aktien kein Mindestkontingent, das Sie abnehmen müssen. Allerdings ist es unter Renditeaspekten sinnvoll, zumindest in der Größenordnung von 2.000 bis 3.000 Euro zu investieren. Bei bestimmten Zertifikaten oder Anleihen kann zudem tatsächlich eine Mindestabnahmemenge vorgesehen sein. Gerade im Zertifikatebereich spielt auch der Börsenplatz eine wichtige Rolle.

Welcher Börsenplatz?

Unter dem Punkt „Börsenplatz" geben Sie in Ihrer Order an, wo genau der Auftrag platziert werden soll. Der wichtigste und bekannteste Börsenplatz in Deutschland ist die Wertpapierbörse in Frankfurt. Wenn Sie einem Makler den Auftrag geben, eine Aktie in Frankfurt zu kaufen, dann wandert Ihre Order auf das dortige Parkett. Neben Frankfurt wird der Löwenanteil der Orders in Deutschland über das elektronische Handelssystem Xetra abgewickelt. Hier bringt nicht mehr der Makler die Orders zusammen, hier agiert der Computer.

Neben diesen beiden Börsenplätzen gibt es verschiedene Regionalbörsen; für Anleger, die sich für Zertifikate interessieren, ist vor allem Stuttgart interessant. Anleger, die Aktien direkt im Ausland handeln möchten, geben einfach die dortige Börse als Börsenplatz an, also beispielsweise New York, wenn direkt an der Wall Street gekauft werden soll.

Eine weitere Alternative ist es, außerbörslich zu handeln. Dieser sogenannte OTC-Handel (kurz für „Over The Counter"; frei übersetzt „über den Tresen") erfreut sich vor allem im Bereich der Derivate immer größerer Beliebtheit. Anleger handeln hier direkt mit dem Emittenten, der fortlaufend Geld- und Briefkurse stellt (das nennt man Market Making).

Damit liegen die Basisinformationen vor: Welche Aktion (Kauf oder Verkauf)? Welches Wertpapier? Wie viele? Welcher Börsenplatz?

Weitere Informationen, die Sie Ihrem Broker geben sollten, sind die Gültigkeitsdauer der Order sowie eventuelle Limitierungen. Außerdem sind in manchen Fällen bestimmte Orderzusätze wichtig.

Welches Limit?

Beginnen wir mit dem Thema Limitierung. Wenn Sie eine Kauf- oder Verkaufsorder nicht limitieren, dann wird sie zum nächsten Kurs ausgeführt. Die Fachbegriffe lauten „billigst" beim Kauf und „bestens" beim Verkauf. Im anglo-amerikanischen Raum spricht man von einer „Market Order". Eine Kauforder mit dem Zusatz „billigst" greift direkt auf die aktuelle Briefseite zu – und zwar eben auf das billigste Angebot der Verkäuferseite. Durch ein Limit legen Sie den Kurs fest, den Sie mindestens erzielen oder maximal bezahlen wollen.

Ein Kauflimit legt fest, wie viel Sie maximal pro Aktie bezahlen wollen. Wird Ihr Limit für die Dauer Ihrer Order nicht erreicht, so bekommen Sie auch keine Aktien.

 BEISPIEL

„Kaufe 100 Stück mit Limit 20 Euro."
Was kann passieren?

1. Der Makler „findet" 100 Aktien auf der Briefseite, die bis maximal 20 Euro kosten. In dem Fall wird die Order ausgeführt. Der jeweils bezahlte Kurs entspricht den Verkaufsangeboten der Briefseite. Man kann also beispielsweise 50 zu 19,90 und 50 zu 19,95 bekommen. In diesem Fall spricht man auch von Teilausführungen.

2. Der Makler „findet" weniger als 100 Aktien auf der Briefseite, die maximal 20 Euro kosten. Je nach Oderzusatz kommt es dann entweder zu einer Teilausführung oder die Order verfällt.

3. Es gibt kein Angebot auf der Briefseite für unter 20 Euro. Die Order verfällt.

Ein Verkaufslimit legt fest, wie viel Sie mindestens pro Aktie bekommen möchten. Wieder verfällt die Order, wenn Ihr Limit nicht erreicht wird. Alle Szenarien für die Kauforder gelten bei der Verkaufsorder spiegelverkehrt.

LIMIT UND CO

Eine Kauf- oder Verkaufsorder wird zum nächsten Kurs ausgeführt, falls Sie die Order nicht limitieren. Die entsprechenden Fachausdrücke sind „billigst" beim Kauf und „bestens" beim Verkauf. Man spricht auch von einer „Market Order", vor allem im anglo-amerikanischen Raum. Durch ein Limit legen Sie den Kurs fest, den Sie mindestens erzielen oder maximal bezahlen wollen. Dazu gibt es noch einige „Spezialitäten":

KAUFLIMIT:
legt fest, wie viel Sie maximal pro Aktie bezahlen wollen. Wird Ihr Limit nicht erreicht, so bekommen Sie auch keine Aktien.

„ABSTAUBERLIMIT":
Kauflimit, das Sie knapp oberhalb einer wichtigen technischen Marke platzieren, wenn Sie glauben, dass der Aktienkurs in diesen Bereich zurückkehrt und anschließend wieder nach oben dreht wird.

VERKAUFSLIMIT:
legt fest, wie viel Sie mindestens pro Aktie bekommen möchten. Wieder verfällt die Order, wenn Ihr Limit nicht erreicht wird.

STOP-LOSS:
Verkaufslimit zur Absicherung einer bestehenden Position. Ein Stop-Loss legt fest, dass die Aktie bei Berühren oder Unterschreiten der Stop-Loss-Marke verkauft wird. Achtung: Der Verkauf erfolgt dann unlimitiert! Eine Kombination aus Stop-Loss und Verkaufslimit ist nicht möglich.

STOP-BUY-LIMIT:
Kauflimit, mit dem Sie in einen Ausbruch hinein kaufen können. Das ist sinnvoll, wenn Sie erst kaufen wollen, nachdem eine bestimmte Marke überschritten wurde. Dieses Limit legt fest, dass Sie die Aktie „market" kaufen, wenn ein bestimmter Kurs erreicht oder überschritten wird.

Wie lange?

Die Angabe der Gültigkeitsdauer ist wichtig, wenn abzusehen ist, dass eine Order nicht umgehend ausgeführt wird. Das kann der Fall sein, wenn Sie eine Order limitiert haben oder wenn es sich um einen Wert mit sehr geringen Umsätzen handelt.

Die normale Gültigkeitsdauer einer Kauf- oder Verkaufsorder beträgt einen Handelstag. Machen Sie keine besonderen Angaben, so verfällt Ihre Order mit Börsenschluss.

Soll Ihr Auftrag länger bestehen bleiben, müssen Sie dies extra angeben. Sie können die Gültigkeitsdauer bis zu einem bestimmten Termin verlängern oder auch unendlich lange laufen lassen. In diesem Fall bleibt die Order so lange bestehen, bis sie ausgeführt wird. Das nennt man „ultimo". Eine Variante ist das englische „Good Till Cancelled" (GTC). Hier bleibt die Order bestehen, bis sie ausgeführt wird oder Sie selbst sie wieder stornieren.

Achtung: Für Extrawünsche wie Limits oder Streichungen berechnen viele Broker gerne Extragebühren.

WEITERE ORDERZUSÄTZE

Anleger können die Art und Weise, auf die ihre Order ausgeführt werden soll, sehr genau spezifizieren. Vor allem im anglo-amerikanischen Raum gibt es eine Vielzahl möglicher Orderzusätze, von denen einige auch in Deutschland Verwendung finden. Hier eine kurze Auswahl:

GTC (GOOD TILL CANCELLED):

Bis auf Widerruf. Der Auftrag bleibt gültig, bis er ausgeführt oder gelöscht worden ist. Viele – nicht alle! – Broker löschen GTC-Orders am Monatsende oder nach 30 Tagen.

FOK (FILL OR KILL):

Ein Orderzusatz, der sowohl bei Limit- als auch bei Market Orders Verwendung finden kann. Wird benutzt, um Teilausführungen zu vermeiden. Die Order muss umgehend und vollständig ausgeführt werden. Wenn die gesamte georderte Stückzahl nicht auf einmal erstanden werden kann, wird die Order gelöscht.

IOC (IMMEDIATE OR CANCEL):

Ein Orderzusatz für Limit-Orders. Die Order muss sofort ausgeführt werden – soweit eben durch das Angebot möglich. Der Teil der Order, der nicht sofort ausgeführt werden kann, wird gelöscht. Anders als die FOK-Order lässt die IOC-Order also eine teilweise Ausführung der gesamten Ordermenge zu.

AON (ALL OR NONE):

Entspricht vom Grundsatz her der FOK-Order. Der Unterschied besteht darin, dass sie nicht umgehend ausgeführt werden muss. Sie wird also auch nicht automatisch storniert, wenn keine sofortige Erledigung erfolgt. Im Unterschied zur FOK-Order kann man eine AON-Order also auch im Orderbuch finden.

Im Zusammenhang mit der richtigen Platzierung von Limits und Stoppkursen ist der Bereich der charttechnischen Analyse besonders interessant. Mit ihrer Hilfe lassen sich die aussichtsreichsten Marken für den Ein- und Ausstieg ermitteln. Die Grundlagen der charttechnischen Analyse finden Sie in Kapitel 4.

Wer trifft sich an der Börse?

Wer sind an der Börse überhaupt Käufer und Verkäufer? Gerade als Anfänger kann es sinnvoll sein, sich diese Frage zu stellen. Denn jeder Marktteilnehmer verfolgt sein eigenes Ziel. Und das heißt: maximaler Gewinn. Gewinne entstehen an der Börse jedoch nur dort, wo andere Verluste machen. Damit Sie nicht zu den Verlierern zählen, kann es hilfreich sein, die Mitspieler und ihre Intentionen zu kennen.

Die Unternehmen – Pflicht zur Wahrheit

Zunächst sind natürlich die Unternehmen selbst zu nennen, die die Börse als Instrument zur Finanzierung nutzen. Sie sind selbstverständlich daran interessiert, dass die Gesellschaft in der Öffentlichkeit so gut wie möglich dasteht, damit der Aktienkurs hoch steht und das Unternehmen an der Börse entsprechend viel wert ist. Vor allem das Management hat daran häufig ein vitales Interesse, denn es ist oft über Aktien am eigenen Unternehmen beteiligt oder Aktienoptionen machen einen nicht unwesentlichen Teil des Gehalts aus. Damit das Unternehmen aber nicht das Blaue vom Himmel herunterlügen kann, um so den Aktienkurs zu manipulieren, hat der Gesetzgeber die Gesellschaften verpflichtet, Meldungen, die für den Kurs relevant sind – egal ob positiv oder negativ –, unverzüglich der Allgemeinheit zugänglich zu machen. In Deutschland nennt man dies Verpflichtung zur Ad-hoc-Publizität (vom Lateinischen ad hoc = sofort). Sie ist in Paragraf 15 des Wertpapierhandels-Gesetzes (WphG) festgelegt. Über diese Ad-hoc-Mitteilungen können Unternehmen beispielsweise ihre Unternehmenszahlen oder andere wichtige Nachrichten veröffentlichen.

Die Insider – sie wissen am besten Bescheid

Als Insider werden die bezeichnet, die aufgrund ihrer Position in einem Unternehmen besonderen Zugang zu wichtigen Informationen haben. Im Grunde ist es per Gesetz verboten, diesen Informationsvorsprung auszunutzen und in einen geldwerten Vorteil zu verwandeln. Beispiel: Der Manager eines Unternehmens weiß, dass seine Firma bald ihren wichtigsten Kunden verlieren wird. Ein harter Schlag – sowohl für das Unternehmen als auch für die Aktionäre. Denn sobald die

Nachricht publik wird, rauscht in aller Regel der Aktienkurs in den Keller. Dem Manager ist es jedoch untersagt, eigene Aktien des Unternehmens (sofern er welche besitzt) vor Veröffentlichung der Meldung und damit vor dem Kurssturz zu verkaufen. Ebenso verhält es sich, wenn es sich um gute Nachrichten handelt, die den Kurs in die Höhe schnellen lassen. Auch hier dürfen die Firmenlenker nicht kaufen, bevor die Öffentlichkeit informiert ist.

Werden diese Regeln eingehalten, spricht jedoch nichts dagegen, dass auch Firmenvorstände oder andere Angestellte mit den Aktien des eigenen Unternehmens Handel treiben. Und darauf sollten vor allem Privatinvestoren ein Auge haben. Denn letztlich kennt niemand das Unternehmen so gut wie seine Manager. Wenn die Vorstände ins eigene Unternehmen investieren, dürften sie von einer positiven Geschäftsentwicklung ausgehen. Empirische Studien belegen, dass Privatanleger, die sich am Handeln der Insider orientieren, gute Gewinne einfahren können. Wo Insider kaufen, lässt sich beispielsweise in den Datenbanken der Bundesaufsicht für Finanzdienstleistungen unter www.bafin.de recherchieren.

Doch Vorsicht: Nicht immer, wenn ein Firmenvorstand verkauft, muss das zwangsläufig darauf hindeuten, dass er von einer schlechten Geschäftsentwicklung ausgeht – vielleicht benötigt er auch einfach nur Geld, um sich eine neue Jacht oder eine neue Pferdepflegerin zuzulegen.

Die Banken – doppeltes Interesse

Mit von der Partie sind beim großen Börsenspiel natürlich auch die Banken. Und das gleich in vielerlei Hinsicht. Wie gehört, bringen sie die Aktien von Unternehmen per Neuemission an die Börse. Vom Erfolg eines solchen Börsengangs hängt nicht selten auch die Höhe der Entlohnung der Bank ab. Schätzt eine Emissionsbank also die Aktien eines Unternehmens positiv ein, muss der private Anleger gewahr sein, dass die Information für ihn nur von sehr begrenztem Nutzwert ist. Denn eine Bank würde ein Unternehmen, das sie selbst an die Börse bringt, wohl kaum schlecht einstufen.

Das Gleiche gilt auch für Studien von Bankanalysten. Denn Banken bringen ja nicht nur die Aktien an die Börse, sondern sie handeln auch selbst mit Wertpapieren. Und das für ihre Kunden, aber auch auf eigene Rechnung. So wird ein Analyst über die Aktie eines Unternehmens, an dem seine Bank bedeutende Stückzahlen hält, wohl kaum zu einem schlechten Urteil kommen. Im Gegenteil, vermutlich wird die Studie positiv ausfallen und die Aktie auch den Anlegern zum Kauf empfohlen. Im positiven Fall erhöht sich damit für die Bank nur ihr Posten „eigene Wertpapiere" in der Bilanz und auch die Anleger können sich über steigende Preise freuen. Im negativen Fall steigen die Kurse, weil viele Anleger die positive Studie als Anlass zum Kauf nehmen – und die Banken nutzen diese Entwicklung, um mit Gewinn zu verkaufen.

Da es in der Vergangenheit zahlreiche Skandale in dieser Hinsicht gegeben hat, versucht der Gesetzgeber sowohl hier als beispielsweise auch in den USA, diesem Gebaren einen Riegel vorzuschieben. So sollen etwa innerhalb der Banken Analysten und Händler streng getrennt werden, um Interessenskonflikte zu vermeiden. Da der Privatanleger schlecht nachschauen kann, wie diese Vorgaben hinter verschlossenen Türen umgesetzt werden, kann eine gewisse Portion Vorsicht grundsätzlich nicht schaden.

Profis und Private – alle haben ein Ziel

Zu den Unternehmen und den Banken gesellen sich professionelle wie private Investoren. Professionelle Anleger handeln häufig auf Rechnung unterschiedlicher Institutionen wie Versicherungen, Pensionsfonds oder Investmentgesellschaften. Deshalb werden sie in der Fachsprache häufig als Institutionelle tituliert. In den letzten Jahren hat sich aber auch die Zahl derer, die auf eigene Rechnung mit Wertpapieren handeln, deutlich erhöht. In der Regel verfolgen sie dabei eine bestimmte Handelsstrategie, die auf fundamentalen oder charttechnischen Aspekten beruht. Doch auch wenn sie verschiedene Ansätze verfolgen, eint sie ein Ziel: eine möglichst hohe Rendite.

Der Börsianer-Jargon – eine Sprache für sich

Fast jeder Bereich, der sich einem sehr speziellen Thema widmet, hat einen Szene-Jargon, eine Art eigene Sprache, deren sich diejenigen, die mit dem Thema vertraut sind, wie selbstverständlich bedienen. Beispiel Fußball: Wenn der Sportreporter von einem Spiel berichtet, wird er vielleicht von der Viererkette, der Doppelsechs und einer Mannschaft, die „tief steht" berichten. Menschen, die sich für Fußball interessieren, wissen, wovon der Mann redet. Nämlich von vier Abwehrspielern, die auf einer Linie agieren, von zwei defensiven Mittelfeldspielern und einer defensiv eingestellten Mannschaft, die sich weit in die eigene Hälfte des Spielfelds zurückgezogen hat. Für Menschen, die in ihrem Leben nie etwas mit Fußball am Hut hatten, ist diese Sprache hingegen ein Buch mit sieben Siegeln.

Ähnlich verhält es sich an der Börse. Auch hier bedienen sich die Börsianer einer Sprache, mit der Neulinge häufig nichts anzufangen wissen und die zum großen Teil nur sehr schwer zu erschließen ist. Für Anleger – und solche, die es werden wollen – ist es jedoch von großer Bedeutung, die Sprache der Börsianer, die zu einem nicht unerheblichen Teil dem englischen Wortschatz entstammt und in selteneren Fällen eingedeutscht wurde, zu verstehen. Deshalb hier ein kleiner Exkurs über die bekanntesten Wörter und Redewendungen.

Von langen Bullen, kurzen Bären und Performance-Rallyes

Dies ist sicher eines der bekanntesten Beispiele für die Fachsprache der Börsianer. Der Nachrichtensprecher verkündet: „Am heutigen Tag haben an der Börse wieder die Bullen den Ton angegeben." Was will der Mann dem Anleger damit sagen? Nun, ganz bestimmt nicht, dass ein männliches geschlechtsreifes Hausrind das Geschehen an der Börse bestimmt hat. Nein, der Begriff „Bulle" (vom englischen „bull") bezeichnet an der Börse einen optimistisch gestimmten Anleger. Wenn also an einem Tag die Bullen den Ton angegeben haben, haben diese Anleger mit ihren Aktienkäufen für steigende Kurse gesorgt. Ein Markt, in dem die Bullen das Geschehen dominieren, wird demzufolge als Bullenmarkt bezeichnet. Häufig wird dafür auch der französische Begriff „Hausse" verwendet.

Das Gegenstück zum Bullen ist an der Börse der Bär (vom englischen „bear"). Dieser Begriff steht für Anleger, die pessimistisch gestimmt sind und daher ihre Aktien verkaufen und damit für fallende

Kurse sorgen. Zeiten, in denen dementsprechend rote Zahlen die Kurszettel beherrschen, werden auch als Bärenmarkt oder mit dem französischen Wort „Baisse" bezeichnet.

Ein ebenfalls häufig benutzter Begriff ist die „Rallye". Wenn der Börsianer von einer Rallye spricht, dann meint er damit aber keineswegs ein Autorennen, das auf Feld- und Waldwegen ausgetragen wird, sondern einen besonders steilen Anstieg am Aktienmarkt. Synonym benutzt er dafür auch das noch eindeutigere Wort Kursrallye.

Im Börsenjargon steht der Ausdruck „Performance" nicht etwa für die gleichbetitelte Form der Aktionskunst, sondern für die Wertentwicklung eines Investments. Hat ein Börsianer zum Beispiel mit einer Aktie einen Gewinn von 25 Prozent gemacht, spricht er davon, dass er eine Performance von 25 Prozent erzielt hat.

Häufig zu hören ist unter Börsianern auch die Redewendung: „Ich gehe long!" Damit ist nicht etwa gemeint, dass der Investor vorhat, sich auf einen langen Fußmarsch zu begeben. Nein, er ist optimistisch, dass die Kurse steigen werden, und kauft deshalb Aktien oder andere Wertpapiere, um von der positiven Entwicklung zu profitieren. Anleger, die dagegen pessimistisch sind, „gehen short": Sie verkaufen Wertpapiere, um aus den fallenden Kursen ihren Profit zu ziehen.

Ein weiteres geflügeltes Wort der Börsianersprache ist der Blue Chip. Dabei handelt es sich allerdings nicht um verschimmelte Kartoffelchips, sondern um die Aktien von Unternehmen, deren Börsenwert sehr hoch ist und deren Papiere rege gehandelt werden. Die deutsche Entsprechung lautet ganz einfach „Standardwert". Zu den deutschen Blue Chips zählen etwa Aktien wie Deutsche Bank, Daimler oder Siemens. Der Begriff „Blue Chip" ist auf die blauen Jetons im weltberühmten Kasino von Monte Carlo zurückzuführen, die einen höheren Wert als alle anderen Jetons aufweisen.

Ein Wort, das es ausnahmsweise nur im deutschen Börsenjargon gibt, ist die „Kursrakete". Damit sind die Aktien meist kleiner Unternehmen gemeint, die an der Börse so wenig gehandelt werden, dass selbst kleinere Kauforders eine große Auswirkung auf die Kursentwicklung haben. Wenn Anleger den Begriff „Kursrakete" hören, sollten sie vorsichtig werden. Denn die Kurse schießen zwar zunächst raketenartig in die Höhe, doch genauso schnell stürzen sie in der Regel wieder ab – fast wie im richtigen Leben. Denn auch da kehren die Raketen ja meist irgendwann wieder auf die Erde zurück. Und nicht selten wird es eine harte Landung. An dieser Stelle können nicht alle Begriffe der Börsianersprache erklärt werden. Weitere Fachbegriffe und deren Erklärungen finden Sie im Glossar am Ende dieses Buches. Zum guten Schluss noch ein Begriff, von dem Sie hoffentlich nur in der Theorie hören werden: der Crash. Mit diesem aus dem Englischen stammenden Wort wird nicht etwa das Zusammenkrachen zweier Börsianer bezeichnet, sondern ein extremer Einbruch der Aktienkurse, der sich innerhalb eines kurzen Zeitraums wie etwa eines Tages oder einer Woche vollzieht. Bekannte Crashs ereigneten sich an der Börse zum Beispiel im Jahr 1929 oder im Jahr 1987.

 Bulle und Bär versinnbildlichen an der Börse optimistische und pessimistische Anleger beziehungsweise steigende und fallende Kurse. Für Letztere steht der Bär. Ihm wird nachgesagt, mit seiner Tatze von oben nach unten zu schlagen. Der Bulle hingegen steht für Kurse, die nach oben gehen, weil ihm unterstellt wird, mit seinen Hörnern von unten nach oben zu stoßen.

KAPITEL 4

SO BEURTEILE ICH EIN INVESTMENT

Grundlegende Begriffe und Mechanismen rund um das Börsengeschehen haben wir nun geklärt. Sie wissen, wie man eine Aktie kauft, was es neben der Aktie sonst noch für Anlageformen gibt, und kennen eine Vielzahl anderer Details zum Thema Geldanlage. Richtig spannend wird es für angehende Aktionäre aber erst, wenn die erste Anlageentscheidung ins Haus steht. Diese Entscheidung ist nicht einfach. Manche Anleger drücken sich deswegen auch vor ihr und folgen blind den Ratschlägen anderer Investoren. Weil das nicht immer klug ist, widmet sich der nächste Teil dieses Buches der Frage, wie man als Privatanleger ein potenzielles Investment selbst beurteilt. Dabei spielen verschiedene Faktoren wie etwa volkswirtschaftliche Daten und Indikatoren, Fundamentalanalyse und Charttechnik eine Rolle.

Volkswirtschaft und Co

Börsenlegende André Kostolany (siehe auch Seite 171) hat einmal das Verhältnis von Wirtschaft und Börse mit einem Mann verglichen, der mit seinem Hund spazieren geht. Der Mann ist die Wirtschaft, der Hund ist die Börse. Der Mann geht durch den Park und der Hund tollt den Weg entlang. Manchmal läuft er ein bisschen voraus, manchmal bleibt er ein bisschen zurück. Früher oder später kommt er aber immer wieder zu seinem Herrchen. Was Kostolany mit diesem sehr bildhaften Vergleich ausdrücken wollte: Wirtschaft und Börse stehen in enger Korrelation, auch wenn dies auf den ersten Blick nicht ersichtlich ist. Letztendlich folgt die Börse immer der Wirtschaft.

Für Anleger ist es also wichtig, über die grundlegende Entwicklung der Volkswirtschaft informiert zu sein. In einem Land, in dem die Wirtschaft gerade in die Rezession abdriftet, finden sich in der Regel nicht viele Aktien, die steigen. Boomt eine Nation gerade – man nehme für die letzten Jahre das Beispiel China –, werden sich zahlreiche lohnende Investments finden lassen.

In den Nachrichten kommt die Volkswirtschaft auch immer wieder vor, in Form von Inflation, Arbeitsmarktdaten oder Leitzinsen. Investoren sollten also mit diesen Begriffen vertraut sein und wissen, wie die Kapitalmärkte auf sie reagieren.

Inflation

Der Begriff kommt vom lateinischen Verb für „anschwellen". In der Volkswirtschaftslehre bezeichnet man damit einen Anstieg des allgemeinen Preisniveaus. Für Anleger interessant und in den Medien präsent ist die sogenannte Inflationsrate. Diese wird in Deutschland einmal im Monat durch das Statistische Bundesamt ermittelt und veröffentlicht. Das Amt benutzt dazu einen sogenannten Warenkorb. Dieser soll die verschiedenen Ausgaben eines durchschnittlichen Haushalts in Deutschland repräsentieren. Seit Jahren streiten verschiedene Experten darüber, ob die Zusammensetzung des Warenkorbs sinnvoll ist, ob verschiedene Produkte oder Dienstleistungen über- oder unterrepräsentiert sind.

Für Anleger wichtig ist primär die veröffentlichte Inflationsrate selbst. Sie entspricht der Preissteigerung in einem bestimmten Monat gegenüber dem Vergleichsmonat im Vorjahr. Steigt die Inflation, so wird das Geld „weniger wert". Man kann für die gleiche Menge an Geld nicht mehr so viele Waren oder Dienstleistungen erwerben.

Diese unschöne Entwicklung ist paradoxerweise meist das Ergebnis eines an sich positiven Prozesses: Wenn es der Wirtschaft gut geht, die Industrie expandiert und die Konsumenten viel nachfragen, dann entsteht Inflation. Hinzu kommen externe Einflussgrößen wie der Ölpreis, der in den letzten Jahren einen guten Anteil an der gefühlten Geldentwertung hatte.

Die Zentralbanken – für Deutschland früher die Bundesbank und jetzt die Europäische Zentralbank EZB – sind unter anderem dem Ziel der Geldwertstabilität verpflichtet. Steigt die Inflation zu stark an, so haben sie verschiedene Mittel, um dagegen vorzugehen. Ein einfaches Mittel sind die Leitzinsen.

Zinsen

Zinsen sind ein sehr wichtiger Einflussfaktor, den Anleger immer im Auge behalten sollten. Zinsen wirken sich auf viele andere Bereiche aus. Wenn ein Markt wie Zinsen sich auf andere Märkte wie Währungen oder Börse oder Industrie auswirkt, dann nennt man das Intermarketbeziehungen.

Wie entstehen Zinsen?

Die Leitzinsen in einem bestimmten Währungsraum werden von der jeweiligen Zentralbank festgelegt. Diese Leitzinsen betreffen den Endverbraucher zunächst nicht direkt. Sie sind für die sogenannten Geschäftsbanken, also die „normalen" Banken, interessant. Diese leihen sich regelmäßig Geld bei der Zentralbank. Wenn der Leitzins steigt, dann wird diese Kreditaufnahme für die Geschäftsbanken teurer. Die regelmäßige Reaktion der Kreditinstitute: Sie geben diese Erhöhung an ihre Kunden weiter. Das hat viele Auswirkungen.

Zinsen und Wirtschaft

Direkt zu spüren bekommt die regulierende Wirkung des Leitzinses die Wirtschaft. Unternehmen, die investieren möchten, nehmen dafür im Regelfall Kredite auf. Gestiegene Leitzinsen führen zu gestiegenen Kreditzinsen. Aus Sicht der Unternehmen sind manche Investitionen nun nicht mehr attraktiv, also werden sie nicht getätigt. Das führt – volkswirtschaftlich gesehen – zu einem Anstieg der Arbeitslosigkeit, zu weniger Wertschöpfung, zu weniger Unternehmensgewinnen und schlussendlich zu niedrigeren Aktienkursen. Somit führt steigende Inflation über den Mechanismus steigender Leitzinsen zu sinkenden Aktienkursen. Das ist der Grund, warum viele Börsianer wie gebannt auf aktuelle Inflationszahlen blicken.

Zinsen und Arbeitsmarkt

Wie angesprochen wirken sich steigende Leitzinsen negativ auf den Arbeitsmarkt aus. Die Investitionsbereitschaft der Unternehmen geht zurück, was im besten Fall die Bereitschaft senkt, neue Mitarbeiter einzustellen. Unter dem Strich senken steigende Zinsen somit das Volkseinkommen. Ein sinkendes Volkseinkommen führt über kurz oder lang zu einem Rückgang der Inflation. Ein Rückgang der Inflation führt tendenziell zu fallenden Zinsen. Das ist einer der vielen Regelkreise, die es im Verhältnis zwischen den verschiedenen Märkten gibt.

 **TIPP**

Steigende Zinsen sind Gift für Arbeitsmarkt, Wirtschaft und Börse. Sie erschweren Investitionen, wirken somit negativ auf die Schaffung von Arbeitsplätzen und führen letzten Endes zu fallenden Aktienkursen. Steigende Aktienkurse trotz steigender Zinsen sind ein Anzeichen für einen gesunden Aufschwung und eine sehr robuste Marktverfassung. In solchen Phasen sollte man investiert sein.

Zinsen und Börse

Auch die Börse mag keine steigenden Zinsen. Die wirtschaftlichen Implikationen sind nur ein Grund. Der andere ist, dass das Investitionsobjekt Aktie sich im Wettstreit mit anderen Investitionsobjekten wie Immobilien oder Anleihen befindet. Um einmal den Volksmund zu bemühen: „Man kann jeden Euro nur einmal ausgeben." Man kann auch jeden Euro nur einmal investieren. Kapital sucht sich für gewöhnlich das Objekt, das mit dem besten Chance-Risiko-Verhältnis oder einfach der besten Rendite aufwartet. Steigende Zinsen machen Anleihen gegenüber Aktien attraktiver und führen somit im Regelfall zu zumindest kurzfristig sinkenden Aktienkursen.

Zinsen und Währungen

Wenn eine Zentralbank den Leitzins anhebt, dann werden nicht nur die Kredite teurer, es steigen auch die Guthabenzinsen. Somit wirken sich die steigenden Zinsen in direkter Hinsicht positiv auf die Währung des entsprechenden Wirtschaftsraums aus. Allerdings wirken sich auf der anderen Seite steigende Zinsen in so vielerlei Hinsicht auch negativ aus, dass man sich auf eine dauerhafte Korrelation nicht immer verlassen kann. Zunächst sollten deshalb auch die Rahmenbedingungen überprüft werden.

Exkurs: Zinssituation im Sommer 2016

Infolge der Finanzkrise in Europa sehen sich Sparer hierzulande im Sommer 2016 negativen Zinsen gegenüber. Immobilien und Börse erleben einen Boom, die Europäische Zentralbank überflutet den Markt mit Geld.

Ein Blick in die Historie: Die letzte Zinsanhebung gab es im Euroraum am 3.7.2008. Damals erhöhte die EZB den Leitzins von 4,00 auf 4,25 Prozent. Danach ging es nur noch in eine Richtung: sinkende Zinsen. Am 10.3.2016 geschah Historisches: Der Leitzins wurde auf 0,00 Prozent festgelegt (siehe Grafik „Leitzinsentwicklung in der Eurozone" auf der nächsten Seite).

Was Häuslebauer und Aktionäre freuen mag, hat für andere durchaus auch negative Effekte: Sparer beispielsweise bekommen auf ihr Guthaben keine Zinsen mehr – erste Kreditinstitute führen sogar bereits Strafzinsen, also negative Zinsen, auf Guthaben ein. Lebensversicherer und Bausparkassen können nicht mehr die risikolosen Erträge vergangener Jahrzehnte aus sicheren Bundesanleihen generieren und versuchen mit aller Macht, die ihnen dadurch entstehenden Probleme auf ihre Kunden abzuwälzen.

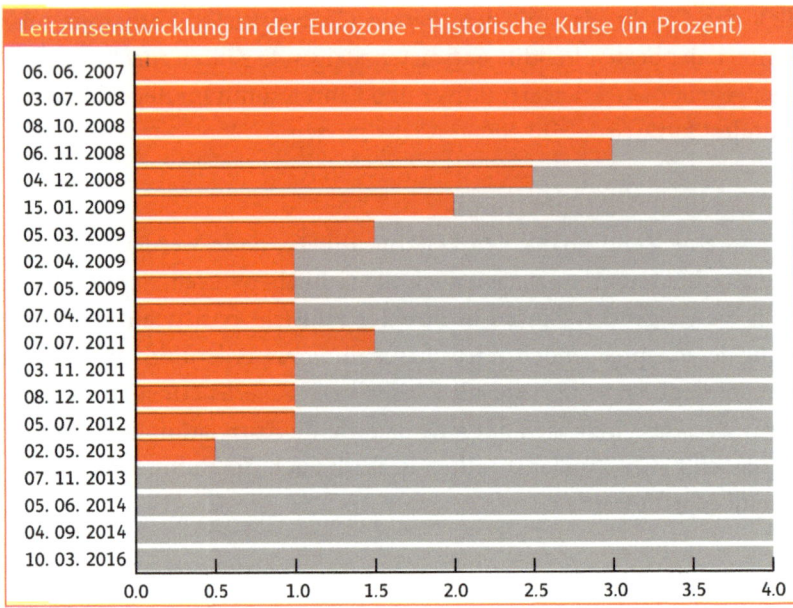

Leitzinsentwicklung in der Eurozone - Historische Kurse (in Prozent)

06. 06. 2007	
03. 07. 2008	
08. 10. 2008	
06. 11. 2008	
04. 12. 2008	
15. 01. 2009	
05. 03. 2009	
02. 04. 2009	
07. 05. 2009	
07. 04. 2011	
07. 07. 2011	
03. 11. 2011	
08. 12. 2011	
05. 07. 2012	
02. 05. 2013	
07. 11. 2013	
05. 06. 2014	
04. 09. 2014	
10. 03. 2016	

Polemisch könnte man sagen: Die klassische deutsche Altersvorsorge mit Lebensversicherung und Bausparvertrag funktioniert nicht mehr. Wohl dem, der Aktien hat – oder zumindest anfängt, sich damit zu beschäftigen.

Währungen

In Deutschland bezahlt man in Euro. Die gleiche Währung akzeptieren mittlerweile Boutiquen, Tankstellen und Supermärkte in insgesamt 19 EU-Mitgliedsstaaten, die gemeinsam die Eurozone bilden. Ebenfalls akzeptiert wird sie in weiteren sechs europäischen Ländern. Für Anleger wichtig ist im Regelfall das Verhältnis des Euro zum US-Dollar. Deswegen soll dieses auch im Mittelpunkt der Betrachtung stehen.

Interessant ist zum einen die Frage, wie es zu einer Wechselkursverschiebung kommen kann, und zum anderen, welche Folgen das für andere Bereiche hat. Beginnen wir mit der Kursentstehung und ihren Einflussgrößen.

Wie entsteht der Wechselkurs?

Der Wechselkurs zwischen Euro und Dollar entsteht wie jeder Preis primär durch Angebot und Nachfrage. Wenn mehr Marktteilnehmer US-Dollar gegen Euro kaufen als verkaufen, dann steigt der Dollar im Verhältnis zum Euro.

Die spannende Frage ist nun: Welche Gründe haben Marktteilnehmer, eine Währung der anderen vorzuziehen? Einen Grund haben wir soeben kennengelernt: Zinsen. Steigende Zinsen in den USA locken Geld aus dem Euro in den Dollar. Andere wichtige Faktoren sind die politische Lage, Wirtschaftskraft, Verschuldungsgrad eines Landes und noch vieles mehr. Zuletzt kann es auch um handfeste politische Interessen gehen, wenn Zentralbanken einzelner Länder Währungen kaufen oder verkaufen.

Währungen und Anleger

Natürlich können Anleger mittels Terminmarkt auch direkt auf die Kursentwicklung von Währungen spekulieren. Was für Einsteiger aber viel interessanter ist, sind die Auswirkungen, die fallende Wechselkurse auf das eigene Depot haben können, selbst wenn in diesem keine einzige Währungsspekulation enthalten ist. Anleger beispielsweise, die US-Aktien im Depot haben, sollten nicht nur die Kursentwicklung ihres Papiers im Auge behalten. Ebenso wichtig ist der Dollarkurs. Wenn die Aktie um 20 Prozent zulegt, der Dollar aber 30 Prozent verliert, dann entsteht unter dem Strich ein Verlust.

 TIPP

Wenn Sie Aktien mit ausländischen Heimatbörsen im Depot haben, dann behalten Sie den Wechselkurs im Auge. Entwickelt dieser sich ungünstig, sollten Sie sich entweder von der Aktie trennen oder sich gegen die Währungsverluste durch ein Derivat absichern.

Währung und Wirtschaft

Die Währungskurse nehmen auch indirekt Einfluss auf die Aktienkurse einzelner Unternehmen. Nehmen wir als Beispiel die deutschen

Autobauer: Steigt der Euro gegenüber dem Dollar massiv an, so werden deutsche Autos in den USA immer teurer. Im Ergebnis setzen die Firmen weniger Fahrzeuge ab und erleiden Umsatzeinbußen. Die Börse sieht so etwas im Falle steigender Eurokurse in der Regel voraus und straft die Aktien von Autoherstellern mit Ablehnung.

Kluge Anleger suchen also im Falle fallender Dollarkurse nach Möglichkeiten, den Dollar als Währung zu meiden oder sich abzusichern. Ganz kluge Anleger suchen zudem nach Unternehmen, die von einer Schwäche des Dollar gegenüber dem Euro profitieren. So ein Unternehmen könnte beispielsweise eine Firma sein, die ihre Löhne und Lieferanten überwiegend in Dollar bezahlt, die ihre Produkte aber hauptsächlich im Euroraum verkauft.

Öl

Kaum ein Rohstoff wirkt sich so direkt auf unser tägliches Leben aus wie Öl. Das „schwarze Gold", das aus staubigen Wüstenstaaten die reichsten Länder der Welt machte, dient als Grundstoff für nahezu die gesamte Industrie, auf der unser heutiger Lebensstandard basiert. So ist es nicht verwunderlich, dass jedes Zucken des Ölpreises sich direkt auf die Börse auswirkt.

Öl und die Industrie

Steigt der Preis für Öl, dann steigen auch die Kosten der Industrie. In der Folge machen die Unternehmen weniger Gewinne. Weniger Gewinne bedeuten höhere Bewertungen und tendenziell fallende Aktienkurse. Will die Industrie ihre Gewinne halten, so gibt sie die gestiegenen Kosten an den Verbraucher weiter.

Öl, der Verbraucher und die Börse

Der Verbraucher sieht sich dann steigenden Preisen ausgesetzt. Ganz unmittelbar erfährt er sie ohnehin beim Gang an die Tankstelle. Das Leben wird somit insgesamt teurer. Das führt tendenziell zu Unsicherheit und Hamstermentalität. Die Konsumneigung sinkt, es werden Rücklagen gebildet. Das ist Gift für den Einzelhandel und die gesamte Volkswirtschaft. Fallende Börsenkurse sind die Folge. Außerdem führen steigende Kosten zu einer Entwertung des Geldes: Das Stichwort lautet Inflation. Um einer Inflation entgegenzutreten, wird die Zentralbank die Zinsen anheben. Auch dadurch geraten die Aktienkurse unter Druck.

 **TIPP**

> Wenn man die bis jetzt betrachteten Größen auf einen Nenner bringen will, so ergeben sich vor allem zwei wichtige Grundmuster:
> Zinsen steigen = Börse fällt
> Ölpreis steigt = Börse fällt

Gold

Oft, wenn die Börse fällt, steigt der Goldpreis. Das hat jedoch nichts damit zu tun, dass der Goldpreis Einfluss auf die Aktienkurse nehmen würde. Vielmehr ist es so, dass Gold in unsicheren Zeiten bei vielen Anlegern den Ruf eines „sicheren Hafens" hat. Allerdings hat es auch schon oft Phasen gegeben, in denen Goldpreis und Aktienmarkt parallel stiegen. Aus dem Goldpreis lässt sich also keine Prognosewirkung für die Entwicklung der Börse ableiten.

Wenn man die Regelkreise zwischen Zinsen, Arbeitsmarkt, Währungen und Co verinnerlicht hat, versteht man bereits viele Reaktionen der Märkte auf die verschiedensten Meldungen. Der nächste Schritt ist die Anwendung dieses Wissens auf verschiedene Indikatoren, die regelmäßig von Universitäten, Instituten und Regierungen veröffentlicht werden. Deshalb sollen im Folgenden einige wichtige dieser Indikatoren samt Interpretationsansatz zusammengefasst werden.

Volkswirtschaftliche Daten

An manchen Tagen sind die Marktteilnehmer besonders nervös. Das kann zum Beispiel an großen Verfallstagen (Hexensabatt) der Fall sein, wenn Optionen und Futures auslaufen, oder an Tagen, an denen sich die US-Zentralbank Federal Reserve (kurz Fed) oder die Europäische

Zentralbank (EZB) zu den Zinsen äußern. Oder eben an Tagen, an denen in Europa, den USA oder auch in Japan volkswirtschaftliche Daten bekannt gegeben werden, die die Märkte bewegen.

Im Folgenden stellen wir Ihnen einige dieser Indikatoren vor. Damit verbunden ist immer ein grobes Raster, das zeigen soll, wie sich bestimmte Entwicklungen der einzelnen Indikatoren auf Aktien, Anleihen und Wechselkurse auswirken können. Diese Auswirkungen treten nicht immer und nicht immer gleich stark auf. Es ist aber wichtig für Anleger, die zugrunde liegenden Mechanismen zu verstehen.

Arbeitsmarktdaten

Der Indikator mit der größten Öffentlichkeitswirkung sind die Zahlen zur Lage am Arbeitsmarkt. „Wie viele Menschen haben Arbeit?" Die Antwort auf diese Frage interessiert die Bevölkerung sehr – und beeinflusst die Börse. In Deutschland werden die Arbeitsmarktdaten einmal pro Monat von der Bundesagentur für Arbeit veröffentlicht. Die beiden Zahlen, die im Anschluss durch die Presse gehen, sind die Zahl der Erwerbslosen und die Arbeitslosenquote. Sinkt die Arbeitslosenquote, so ist das als Zeichen für einen positiven Trend in der Gesamtwirtschaft zu werten. Als Ergebnis dessen zahlen mehr Menschen in die sozialen Sicherungssysteme ein und weniger Menschen werden aus diesen versorgt. Dies wiederum bedeutet, dass mehr Menschen mehr Geld haben und somit auch mehr konsumieren können als zuvor.

 WAS MACHEN AKTIEN?
Arbeitslosenquote fällt – Aktien steigen

Ein starker Arbeitsmarkt ist gut für die Börse. Er ist ein Signal für eine gute Entwicklung der Volkswirtschaft. Weniger Arbeitslose bedeuten zugleich mehr Konsum und somit mehr Umsatz für die Industrie. Das führt wiederum tendenziell zu einer weiteren

Verbesserung der volkswirtschaftlichen Situation und dadurch weiter sinkenden Arbeitslosenzahlen.

WAS MACHEN ANLEIHEN?

Arbeitslosenquote fällt – Anleihen fallen

Sinkende Arbeitslosenzahlen sind ein Indiz für eine wachsende Ökonomie. Somit führt eine gute Entwicklung am Arbeitsmarkt tendenziell zu fallenden Kursen der Anleihen. Hintergrund: Eine starke Volkswirtschaft führt früher oder später zu Inflation und dadurch zu Zinserhöhungen durch die Zentralbank. Das macht aktuelle Anleihen unattraktiver.

WAS MACHT DER EURO?

Arbeitslosenquote fällt – Euro steigt

Der Euro profitiert in doppelter Hinsicht von fallenden Arbeitslosenzahlen im Euroraum. Eine wachsende Volkswirtschaft und steigende Börsen locken Kapital in den Euroraum – die wachsende Nachfrage lässt die europäische Gemeinschaftswährung steigen. Hinzu kommt die Aussicht auf steigende Zinsen – diese machen Geldanlagen in Euro international attraktiver. Allerdings ist der Effekt deutscher Arbeitsmarktdaten auf die europäische Gemeinschaftswährung zu vernachlässigen. Während die US-Arbeitsmarktdaten den Dollar direkt und mitunter massiv bewegen, zeigt sich der Euro meist unbeeindruckt von Neuigkeiten der Bundesagentur.

Der ifo-Geschäftsklimaindex

Abgesehen von den Arbeitsmarktzahlen ist der monatlich veröffentlichte ifo-Geschäftsklimaindex der wichtigste Indikator für die wirtschaftliche Entwicklung in der Bundesrepublik. Wie geht es der deutschen Wirtschaft? Wie optimistisch sind die Unternehmen? Wie schätzen sie die aktuelle Situation und die Zukunft ein? Der ifo-Index gibt Antwort.

Gegenwart und Zukunft

Zur Ermittlung des Index befragt das Münchener ifo-Institut monatlich 7.000 Unternehmen aus ganz Deutschland. Diese sollen ihre gegenwärtige wirtschaftliche Situation und ihre Zukunftsaussichten einschätzen. Dabei darf die aktuelle Lage mit „gut", „befriedigend" oder „schlecht" bewertet werden. Für die Zukunft sind die Einstufungen „günstiger", „gleichbleibend" und „ungünstiger" möglich. Aus den Umfrageergebnissen berechnet das ifo-Institut zunächst Werte für die aktuelle Lage und die Erwartungshaltung. Dafür wird jeweils der Prozentsatz, mit dem die „negative" Antwort gegeben wurde, von der Häufigkeit der „positiven" Antwort abgezogen. Neutrale Antworten haben keinen Einfluss auf das Ergebnis.

Komplizierte Berechnung

Die Ermittlung des eigentlichen ifo-Geschäftsklimaindex ist recht kompliziert und soll hier nicht dargestellt werden. Grob vereinfacht gesagt werden Lage und Erwartung zunächst als Mittelwert im Geschäftsklima zusammengefasst. Dieses wird anschließend in Relation zu einem Vergleichswert gesetzt – aktuell ist dies der Durchschnittswert aus dem Jahr 2005.

Die Entwicklung ist wichtig

Isoliert betrachtet ist der ifo-Index nur eine Momentaufnahme, die begrenzte Aussagekraft hat. Interessant ist die Entwicklung des Index und seiner Komponenten im zeitlichen Verlauf. Sie lässt Rückschlüsse auf die Verfassung und Stimmung deutscher Unternehmen zu und ist so ein Indikator für den Aktienmarkt – geht es der Wirtschaft gut, steigen die Aktien. Rechnet die Wirtschaft mit einer Verbesserung ihrer Lage, steigen die Aktien erst recht.

WAS MACHEN AKTIEN?
ifo steigt – Aktien steigen

Ein starker ifo-Index ist in der Regel gut für den Aktienmarkt. Solange noch keine Inflation durch eine zu starke Wirtschaft droht, reagieren Anleger positiv auf Meldungen über eine expandierende Wirtschaft. Aktien erscheinen attraktiv und werden nachgefragt.

WAS MACHEN ANLEIHEN?
ifo steigt – Anleihen fallen

Wenn deutlich wird, dass die Wirtschaft wächst – was Zinserhöhungen wahrscheinlich macht –, dann werden die Anleihekurse fallen. Auch hier kommt es aber natürlich auf die Rahmenbedingungen an: Steigende ifo-Werte nach überstandener Rezession machen Anleihen nicht nervös.

WAS MACHT DER EURO?
ifo steigt – Euro steigt

Ein starker ifo-Index spricht für eine gute Konjunktur. Tendenziell sollte der Euro also steigen. Allerdings ist die Gemeinschaftswährung gegenüber normalen Ausschlägen des deutschen Wirtschaftsklimas eher unempfindlich. Insbesondere in Zeiten von Eurokrise und Szenarien wie Grexit und Brexit, also dem drohenden Austritt von Griechenland oder Großbritannien aus Währungsunion beziehungsweise Europäischer Union, ist der direkte Einfluss des ifo-Index auf den Euro zu vernachlässigen.

Das Bruttoinlandsprodukt

Das Bruttoinlandsprodukt (BIP) ist einer der wichtigsten volkswirtschaftlichen Indikatoren. Es gilt als Maß für die wirtschaftliche Leistung eines Landes und entspricht den gesamten Einnahmen oder Ausgaben einer Volkswirtschaft.

Teilt man das BIP durch die Anzahl der Einwohner, so erhält man das BIP pro Kopf und damit das durchschnittliche Einkommen respektive die durchschnittlichen Ausgaben eines Bürgers dieses Landes. Somit ist das BIP einer der wichtigsten Indikatoren für den Wohlstand einer Nation und seine laufende Entwicklung.

Definition

Das BIP entspricht per definitionem dem Marktwert aller für den Endverbrauch bestimmten Waren und Dienstleistungen, die in einem Land in einem bestimmten Zeitabschnitt hergestellt werden. Sehr wichtig ist die Formulierung „in einem Land". Das BIP ist unabhängig von der Nationalität dessen, der eine Ware oder eine Dienstleistung produziert – es entspricht der Summe an Waren und Dienstleistungen, die in einem Jahr in einem Land sowohl von In- als auch Ausländern hergestellt wurden. Das unterscheidet das BIP vom Bruttosozialprodukt (BSP).

Bestandteile

Das BIP setzt sich aus vier Bestandteilen zusammen: dem Konsum, den Investitionen, den Staatsausgaben und den Nettoexporten. Dabei entspricht der Konsum den Ausgaben der Haushalte für Waren und Dienstleistungen. Der Bestandteil „Investitionen" ergibt sich aus den

„normalen" Investitionen der Unternehmen zuzüglich der Ausgaben der privaten Haushalte für Immobilien. Die Staatsausgaben entsprechen den Ausgaben der öffentlichen Hand, die Nettoexporte ergeben sich aus der Differenz zwischen Exporten und Importen.

Bereinigung

Ökonomen unterscheiden zwischen nominalem BIP und realem BIP, wobei im realen BIP die Preisveränderungen eliminiert werden. Durch diese Bereinigung werden aktuelle Zahlen zum Bruttoinlandsprodukt mit früheren Daten vergleichbar. Aus der Kombination von realem und nominalem BIP kann der BIP-Deflator berechnet werden, ein Indikator, der ebenfalls regelmäßig veröffentlicht wird. Er gibt an, in welchem Ausmaß ein Wachstum des nominalen BIPs lediglich auf einen Preisanstieg und nicht auf ein Plus an produzierten Waren zurückzuführen ist.

Kerngröße

Das BIP ist eine volkswirtschaftliche Kerngröße, manche Experten sprechen vom wichtigsten Indikator überhaupt. Viele andere Indikatoren fließen in das BIP ein, es ist seinerseits aber auch Grundlage einer Vielzahl weiterer Messgrößen.

Eine gute Entwicklung des BIPs deutet auf eine wachsende Volkswirtschaft hin. Die Folgen sind im Regelfall: steigende Aktienmärkte und (mittelfristig) steigende Zinsen. Daraus resultieren normalerweise eine starke Währung und leicht nachgebende Anleihemärkte. Wie jeder Indikator muss aber auch das BIP im Kontext gesehen werden – die Reaktionen am Ende einer Rezession sind deutlich anders als auf dem Höhepunkt eines Booms.

 ## WAS MACHEN AKTIEN?

BIP steigt – Aktien steigen

Das BIP erlaubt direkte Rückschlüsse auf die Verfassung einer Volkswirtschaft. Somit sorgt ein starkes BIP-Wachstum im Regelfall für steigende Börsen. Der Mechanismus lautet: Steigendes BIP bedeutet mehr Konsum und mehr Investitionen. Das führt zu wachsenden Gewinnen der Unternehmen und letztendlich zu anziehenden Aktienkursen. Das gilt so lange, bis eine Überhitzung der Ökonomie vorliegt und weiteres Wachstum von den Aktienmärkten als negativ interpretiert wird.

 ## WAS MACHEN ANLEIHEN?

BIP steigt – Anleihen fallen

Der Effekt eines steigenden Bruttoinlandsprodukts auf Anleihen ist eher negativ zu sehen. Hier kommt die Angst vor steigenden Zinsen zum Tragen. Diese würden zu einem Rückgang der Bond-Notierungen führen. Die gedankliche Abfolge lautet: Ein stark wachsendes BIP bedeutet nichts anderes als eine stark wachsende Volkswirtschaft. Dieses Wachstum schürt Inflationsängste, denen die Zentralbank eines Tages durch Zinserhöhungen begegnen wird.

 ## WAS MACHT DIE WÄHRUNG?

BIP steigt – Währung steigt

Wenn das Bruttoinlandsprodukt der USA anzieht, ist das auch gut für die US-Währung. Diese profitiert sowohl vom Gedanken an wachsenden Konsum und anziehende Börsenkurse von Dow und Nasdaq als auch von der Fantasie auf steigende Zinsen in den Vereinigten Staaten. In beiden Fällen würden die internationale Nachfrage nach dem Dollar und somit auch die Kurse nach oben gehen. Im Fall des Euro muss man einmal mehr relativieren: Steht das Land, um dessen BIP es gerade geht, im Fokus des Interesses? Ist es Konjunkturlokomotive oder Sorgenkind? Was wird erwartet?

Der ISM-Index

Wer wissen möchte, was die Industrie in den USA von ihrer gegenwärtigen Situation hält, der blickt auf den ISM-Index. Er ist das Ergebnis einer Umfrage des Institute for Supply Management (ISM) unter mehr als 400 Unternehmen aus 20 Branchen innerhalb der USA. Das ISM fragt dabei nach der Entwicklung verschiedener Schlüsselfaktoren wie beispielsweise Neuaufträge, Produktion, Absatz, Lagerbestände, Preise, Lieferzeiten und Beschäftigung.

Die Frage lautet jeweils: „Wo liegt dieser Faktor im Vergleich zum Vormonat?" Als Antworten zugelassen sind „höher", „niedriger" und „unverändert". Für jede abgefragte Größe wird ein Unterindex erstellt. Liegt sein Wert über 50 Punkten, so bedeutet das einen Anstieg oder eine Verbesserung gegenüber dem Vormonat. Im Gegenzug weisen Umfrageergebnisse unter 50 Zählern auf einen Rückgang beziehungsweise eine schlechtere Entwicklung hin.

Das Wichtigste auf einen Blick

Der eigentliche ISM-Index berechnet sich aus den fünf wichtigsten Sub-Indizes. Diese fließen mit einer unterschiedlichen Gewichtung in den Gesamtwert ein: Die Neuaufträge zählen 30 Prozent, die Produktion 25 Prozent, die Beschäftigung 20 Prozent, der Absatz 15 Prozent und die Lagerbestände 10 Prozent.

Analog zu den Unterindizes gilt beim ISM-Index für die gesamte Ökonomie: Bei Werten über 50 Punkten wächst die Wirtschaft im Vergleich zum Vormonat, unter 50 Zählern schrumpft sie.

Am ersten Werktag eines jedes Monats veröffentlicht das Institute for Supply Management seinen Report für den produzierenden

Bereich, am dritten Werktag folgt dann der ISM-Report für den Dienstleistungssektor.

WAS MACHEN AKTIEN?

ISM steigt – Aktien steigen

Innerhalb seiner normalen Schwankungsbreite ist ein starker ISM-Index gut für den Aktienmarkt. Wenn die allgemeine ökonomische Situation aussichtsreich, aber nicht überhitzt erscheint, dann reagieren Anleger positiv auf Meldungen über eine expandierende Wirtschaft. Aktien erscheinen attraktiv und werden nachgefragt. Erst wenn die Volkswirtschaft zu heiß gelaufen ist, wirkt ein weiter steigender ISM-Index negativ auf die Kurse am Aktienmarkt.

WAS MACHEN ANLEIHEN?

ISM steigt – Anleihen fallen

Im Gegensatz zu Aktien betrachtet der Anleihemarkt einen steigenden ISM-Index prinzipiell eher kritisch. Wenn aus dem Zahlenmaterial deutlich wird, dass die Wirtschaft robust wächst – was Zinserhöhungen wahrscheinlich macht –, dann werden die Anleihekurse fallen. Auch hier kommt es aber natürlich auf die Rahmenbedingungen an: Wenn sich die Wirtschaft nach einer Rezession erstmals wieder auf Wachstumskurs befindet, können starke ISM-Daten den Notierungen der Anleihen kaum etwas anhaben.

WAS MACHT DER DOLLAR?

ISM steigt – Dollar steigt

Der Dollar profitiert direkt von einem steigenden ISM-Index und leidet darunter, wenn dieser Indikator fällt. Die Logik dahinter ist einfach: Ein steigender ISM-Index bedeutet eine expandierende Wirtschaft und mittelfristig auch steigende Zinsen in den USA. Das führt zu einer erhöhten Nachfrage nach der US-Währung und zu anziehenden Dollarnotierungen. Im Gegensatz dazu wird bei einer schwachen US-Wirtschaft – fallender ISM-Index – eine Zinssenkung wahrscheinlich. Die Folge: Der Dollar fällt.

Interpretation wichtig

Der ISM-Index bewegt sich meistens in einer Schwankungsbreite zwischen 40 und 60 Punkten. Solange er um 50 Zähler notiert, sind die Reaktionen der Marktteilnehmer vorhersehbar. Erst in Richtung der Extrempunkte wird eine Prognose problematisch. Hintergrund: Bei Werten über 60 oder unter 40 Punkten steigt die Wahrscheinlichkeit für eine starke Überhitzung respektive Abkühlung der Ökonomie. Ist dies der Fall, kommen beispielsweise bei einer boomenden Wirtschaft verstärkt Zinsängste zum Tragen. Diese können die Reaktion des Marktes auf ISM-Daten beeinflussen.

Der Consumer Price Index (CPI)

Der Consumer Price Index (CPI) ist der Verbraucherpreisindex der USA. Er wird monatlich ermittelt und misst die Summe, die für einen fest definierten Warenkorb aus Produkten und Dienstleistungen ausgegeben werden muss. Die Veränderung des CPI ist somit ein direkter Indikator für die Entwicklung der Lebenshaltungskosten sowie der Geldwertstabilität und letztendlich auch der Inflation und der Zinspolitik.

In der Methodik offenbart der CPI zwei prinzipielle Schwächen: Der Warenkorb ist relativ starr und reagiert nur langsam auf Preisveränderungen. Diese finden jedoch beispielsweise im Bereich Unterhaltungselektronik sehr schnell statt. Außerdem ignoriert der CPI die Möglichkeit der Konsumenten, ein teures Produkt durch billigere Konkurrenz zu ersetzen. Diese Schwächen werden vom Markt allerdings akzeptiert und tun der Qualität des CPIs als Inflations-Indikator keinen Abbruch.

Schwerer wiegt die Tatsache, dass die Preise für Nahrungsmittel und Energie – diese sind besonders volatil – den CPI im Monatsvergleich verzerren können. Aus diesem Grund wird stets auch eine Version des CPIs veröffentlicht, aus der diese beiden Einflussgrößen herausgerechnet wurden. Das Ergebnis ist die sogenannte Kernrate der Inflation. Viele Volkswirtschaftler betrachten diese Kernrate als maßgeblichen Inflations-Indikator.

WAS MACHEN AKTIEN?

CPI steigt – Aktien fallen

Tendenziell fallen Aktien bei wachsenden Verbraucherpreisen. Ein steigender CPI deutet auf Inflation hin. Aktienkurse sind rechnerisch nichts anderes als die Summe der abgezinsten künftigen Erträge eines Unternehmens.
Diese werden durch Inflation entwertet. Zudem deutet ein steigender CPI auf steigende Zinsen hin – Kredite für Unternehmen werden also teurer.

WAS MACHEN ANLEIHEN?
CPI steigt – Anleihen fallen

Auch der Anleihemarkt reagiert auf einen steigenden CPI mit nachgebenden Notierungen. Hier ist der Zinsaspekt ausschlaggebend: Ein anziehender CPI geht mit der Gefahr steigender Zinsen einher. Diese Perspektive macht aktuelle Anleihen weniger attraktiv. In der Folge sinkt der Bondmarkt.

WAS MACHT DER DOLLAR?
CPI steigt – Dollar unentschieden

Der Dollar reagiert auf den CPI uneinheitlich, der Interpretationsspielraum des Marktes ist zu groß. Ein steigender CPI kann beispielsweise so gedeutet werden, dass eine höhere US-Inflation ausländische Dollar-Engagements unattraktiv macht: Der Dollar fällt. Eine andere Interpretation: Steigende Inflation führt zu restriktiver Zinspolitik der US-Notenbank und steigenden Zinsen in den USA. Der Dollar steigt.

Das US-Verbrauchervertrauen
Der Konsum ist die tragende Säule der US-Konjunktur. Das Verbrauchervertrauen gibt Aufschluss über seine Entwicklung. Sorgen um schlechte wirtschaftliche Rahmenbedingungen und den eigenen Arbeitsplatz bewegen die Konsumenten zum Sparen. Im Gegenzug geben die Bürger mehr Geld aus, wenn sie Vertrauen in die eigene Volkswirtschaft und deren Entwicklung haben. Die Stimmung der Verbraucher

ist somit ein direkter Indikator für den künftigen privaten Konsum – und dieser steht in den USA für fast 70 Prozent des Bruttoinlandsprodukts (BIP). Entsprechend viel Bedeutung messen Volkswirte und Investmentbanker dem Verbrauchervertrauen bei. Gleich zwei Institutionen untersuchen regelmäßig, wie es um diesen Indikator steht.

Monat für Monat

Einmal im Monat führt das „Conference Board" in 5.000 US-Haushalten eine Umfrage durch. Die Befragten geben Auskunft über ihr Vertrauen in die heimische Volkswirtschaft und deren weitere Entwicklung. Das Ergebnis wird im Indikator „Verbrauchervertrauen" zusammengefasst und an jedem letzten Dienstag des Monats bekannt gegeben.

Die Universität von Michigan veröffentlicht aufgrund eigener Umfragen zweimal im Monat ebenfalls Daten zum Verbrauchervertrauen – landläufig als „Verbrauchervertrauen der Uni Michigan" bezeichnet. Am zweiten Freitag eines Monats erscheint der vorläufige Indikator, am vierten Freitag werden die endgültigen Daten präsentiert.

Die Zukunft ist wichtiger

Sowohl der Index des Conference Board als auch das Verbrauchervertrauen der Universität von Michigan bestehen aus zwei Komponenten: der Einschätzung der gegenwärtigen wirtschaftlichen Situation und den Erwartungen der Konsumenten für die Zukunft. Dabei wird dem Ausblick deutlich mehr Bedeutung zugemessen. Die Beurteilung der weiteren wirtschaftlichen Entwicklung geht mit 60 Prozent Gewichtung in den endgültigen Index ein, die Meinung der Konsumenten zur Gegenwart macht nur 40 Prozent aus.

Nicht übertreiben!

Ein steigendes Verbrauchervertrauen bedeutet im Regelfall steigenden Konsum, steigende Unternehmensgewinne, Wirtschaftswachstum und steigende Börsen. Dieser Mechanismus funktioniert so lange, bis Zinssenkungen die heiß gelaufene Volkswirtschaft dämpfen und die Börsen korrigieren. Im Extremfall kann das Verbrauchervertrauen allerdings auch auf übertriebene Euphorie hinweisen (siehe Anfang 2000) und Anlegern somit den Ausstieg nahelegen.

Wichtiger Indikator

Auch institutionelle Anleger lassen das Verbrauchervertrauen in ihre Entscheidungen einfließen. Viele Fondsmanager sehen es in der ersten Reihe der Wirtschaftsindikatoren. Auch für sie spielt der direkte Zusammenhang zwischen der Stimmung der Verbraucher und ihrem Konsum einerseits und der Entwicklung des BIPs andererseits eine wichtige Rolle. Allerdings darf das Verbrauchervertrauen – wie auch alle anderen Indikatoren – nicht isoliert betrachtet werden. Erst in Kombination mit anderen Daten ergibt sich ein wirklich aussagekräftiges Bild.

 ## WAS MACHEN AKTIEN?
Verbrauchervertrauen steigt – Aktien steigen

Der Aktienmarkt reagiert prinzipiell positiv auf ein steigendes Verbrauchervertrauen. Der Mechanismus ist leicht durchschaubar: Steigendes Verbrauchervertrauen führt zu steigendem Konsum, dieser resultiert letztendlich in Wirtschaftswachstum und freundlichen Börsen. Wird das Wachstum zu stark, droht allerdings Inflationsgefahr. Dem wird die Notenbank durch Zinsanhebungen begegnen. Die Folge: Der Aktienmarkt beruhigt sich wieder.

 ## WAS MACHEN ANLEIHEN
Verbrauchervertrauen steigt – Anleihen fallen

Der Anleihemarkt sieht anziehende Werte beim Verbrauchervertrauen eher skeptisch. Der gedankliche Ablauf ist wie folgt: Steigendes Verbrauchervertrauen führt über mehr Konsum zu einer wachsenden Volkswirtschaft und letztendlich zu steigenden Zinsen. Diese haben zur Folge, dass die Kurse für Anleihen sinken. Der geschilderte Mechanismus ist allerdings stark vereinfacht und greift nicht so unmittelbar wie beispielsweise bei Aktien.

WAS MACHT DER DOLLAR?

Verbrauchervertrauen steigt – Dollar steigt

Gute Zahlen zum US-Verbrauchervertrauen führen im Regelfall zu steigenden Dollarkursen. Der Dollar profitiert gleich doppelt: Zum einen signalisiert ein wachsendes Vertrauen der Konsumenten eine starke Volkswirtschaft; diese zieht ausländisches Kapital an, die US-Währung wird stärker nachgefragt und steigt im Preis. Zum anderen führen auch steigende US-Zinsen tendenziell zu einer Aufwertung des Greenbacks.

Der US-Arbeitsmarktbericht

Wie geht es der Wirtschaft in den USA? Wie ist die Stimmung unter den Verbrauchern? Die US-Arbeitsmarktdaten liefern wichtige Hinweise. Der Arbeitsmarktbericht wird in den USA monatlich durch das Arbeitsministerium und das Bureau of Labor Statistics veröffentlicht. Er besteht aus zwei verschiedenen Erhebungen – einer Befragung in rund 60.000 Haushalten und einer weiteren in etwa 375.000 Unternehmen.

Die Informationen aus den Haushalten führen zur Berechnung der Arbeitslosenquote. Sie ist aufgrund der geringen Stichprobengröße nicht hundertprozentig zuverlässig, aber sie ist dennoch ein wichtiger Gradmesser für den Zustand der Volkswirtschaft.

In den Unternehmen werden mehrere Indikatoren ermittelt. Einer der wichtigsten sind die „Nonfarm Payrolls", also die Anzahl der Beschäftigten außerhalb des Agrarbereichs. Weitere Größen sind der durchschnittliche Stundenlohn sowie die durchschnittliche Wochenarbeitszeit. Letztere wird oft übersehen, ist aber interessant: Nimmt die Wochenarbeitszeit zu, so kann mit baldigen Neueinstellungen gerechnet werden.

Neben dem monatlichen Arbeitsmarktbericht gibt es auch wöchentliche Daten: Jeden Freitag wird die Anzahl der Erstanträge auf Arbeitslosenhilfe sowie die Gesamtzahl der Arbeitslosen veröffentlicht.

Indikator Nummer 1

Arbeitsmarktdaten erlauben direkte Rückschlüsse auf die volkswirtschaftliche Situation eines Landes. Steigt der Beschäftigungsgrad, so ist dies ein sicherer Indikator für eine Ökonomie im Aufschwung. Hohe Arbeitslosigkeit führt zu weniger Konsum und schädigt somit die Wirtschaft.

Die wöchentlich ermittelten Daten sind sehr volatil und sollten nicht überbewertet werden. Der monatliche Arbeitsmarktbericht ist jedoch sowohl von der Aussagekraft als auch von der Auswirkung auf die Börsen her der vermutlich wichtigste Indikator überhaupt.

WAS MACHEN AKTIEN?

Arbeitslosenquote fällt – Aktien steigen

Ein starker Arbeitsmarkt ist gut für die Börse. Er ist ein Signal für eine gute Entwicklung der Volkswirtschaft. Weniger Arbeitslose bedeuten zugleich mehr Konsum und somit mehr Umsatz für die Industrie. Das führt wiederum tendenziell zu einer weiteren Verbesserung der volkswirtschaftlichen Situation und dadurch weiter sinkenden Arbeitslosenzahlen.

WAS MACHEN ANLEIHEN?

Arbeitslosenquote fällt – Anleihen fallen

Sinkende Arbeitslosenzahlen sind ein Indiz für eine wachsende Ökonomie. Somit führt eine gute Entwicklung am Arbeitsmarkt tendenziell zu fallenden Kursen der Anleihen. Hintergrund: Eine starke Volkswirtschaft führt früher oder später zu Inflation und dadurch zu Zinserhöhungen durch die Zentralbank. Das macht aktuelle Anleihen unattraktiver.

WAS MACHT DER DOLLAR?

Arbeitslosenquote fällt – Dollar steigt

Der Dollar profitiert in doppelter Hinsicht von fallenden Arbeitslosenzahlen (in den USA!). Eine wachsende Volkswirtschaft und steigende Börsen locken Kapital in den Dollar-Raum – die wachsende Nachfrage lässt den Greenback steigen. Hinzu kommt die Aussicht auf steigende Zinsen – diese machen Geldanlagen in Dollar international attraktiver.

Der Tankan-Bericht

Zu guter Letzt noch ein Blick nach Japan: Am Ende jedes Quartals veröffentlicht die japanische Zentralbank den sogenannten Tankan-Bericht. Hinter dem Begriff „Tankan" verbirgt sich die Abkürzung von „Tanki Keizai Kansoku Chousa". Übersetzt bedeutet das „kurzfristige Umfrage unter den japanischen Unternehmen".

Der Tankan-Bericht soll ein möglichst genaues Bild der wirtschaftlichen Entwicklung in Japan zeichnen und auch als Entscheidungshilfe für die Geldpolitik dienen. Er ist das Ergebnis einer Befragung von mehr als 10.000 Unternehmen und besteht aus einem quantitativen Teil und einem Stimmungsbarometer. Die Gesellschaften berichten ebenso über harte Fakten – geplante Investitionen, Einstellungen und andere unternehmerische Maßnahmen – wie auch über ihre subjektiven Erwartungen für die kommende Wirtschaftsentwicklung.

Wichtiger Stimmungsindikator

Für Investoren ist der Tankan-Report naturgemäß vor allem als Stimmungsbarometer von Interesse. Diese Information findet sich im sogenannten Diffusionsindex: Hier werden die Prozentzahlen optimistischer und pessimistischer Unternehmen saldiert. Ein Indexstand von beispielsweise 14 bedeutet, dass auf 100 pessimistische Firmen 114 Gesellschaften mit einer positiven Einschätzung kommen.

Prinzipiell werden Subindizes jeweils für Groß- und Kleinunternehmen sowie für verarbeitendes Gewerbe und den Dienstleistungssektor erstellt. Somit kann neben dem großen Bild auch die Stimmung in einzelnen Branchen analysiert werden.

Einfluss auf die Märkte

Der Tankan-Report wird nur viermal im Jahr veröffentlicht. Somit ist sein direkter Einfluss auf die Kurse begrenzt. Nichtsdestotrotz ist er einer der wichtigsten Indikatoren für die wirtschaftliche Entwicklung in Japan und gerade für Langfristanleger von großem Interesse. Allgemein gilt: Gute Tankan-Daten führen – zumindest kurzfristig – zu steigenden Aktienkursen.

Die nächsten Schritte

Anhand der volkswirtschaftlichen Rahmendaten und Indikatoren kann sich der Anleger erste Gedanken machen, in welcher Region er anlegen will. Er kennt jetzt den Markt, in den er investieren möchte, vielleicht hat er sich auch schon Gedanken über Branchen oder Strategien gemacht. Doch damit ist die Suche nach dem richtigen Investment noch nicht zu Ende.

Schließlich gibt es in jeder Region, jedem Segment und jeder Branche in der Regel sehr viele verschiedene börsennotierte Gesellschaften. Der Börsianer hat damit viele Aktien zur Auswahl. Er kann aber nicht alle Werte auf einmal kaufen. Das Problem, das sich nun stellt, ist die Frage: Welche Aktie ist die aussichtsreichste?

Um zu entscheiden, welche der infrage kommenden Titel kaufenswert sind, muss der Anleger von der Marktanalyse zur Aktienanalyse übergehen. Dazu muss er erst einmal wissen, wie man eine Aktie beurteilen kann. Grundsätzlich gibt es zwei verschiedene Methoden, eine Aktie zu analysieren. Die erste nennt sich Fundamentalanalyse. Hier werden Bilanzen, Bewertungen und Kennzahlen miteinander verglichen. Die zweite ist die sogenannte Charttechnik. Hier werden anhand des Kursverlaufs Rückschlüsse auf die weitere Entwicklung gezogen. Die meisten Anleger verwenden beide Methoden, auch wenn sie sich eigentlich aufgrund einiger ihrer Annahmen gegenseitig ausschließen. In der Praxis hat sich die Kombination jedoch bewährt. In den folgenden Abschnitten stellen wir beide Analysemethoden vor.

Fundamentalanalyse

Die Analyse der Fundamentaldaten hat in erster Linie unter den Freunden der Anlagestrategie des Value Investings, also des Investierens in unterbewertete Aktien, ihre Befürworter. Fundamentaldaten sagen etwas darüber aus, ob ein Unternehmen gesund ist. In Kombination mit der aktuellen Bewertung der Gesellschaft sagen sie zudem, ob die Aktie des Unternehmens unterbewertet ist.

Stimmen die Ergebnisse des Unternehmens positiv? Hat diese Gesellschaft eine solide finanzielle Basis oder droht sogar die Insolvenz? Und wie bewertet der Markt diese Gesellschaft zurzeit? Ist ihr an der Börse gehandelter Preis vielleicht schon so hoch, dass sich ein Einstieg nicht mehr lohnt, sondern eher mit einigen Risiken verbunden wäre? Oder ist dieser Preis unter Umständen sogar so niedrig, dass mit einem Engagement so gut wie keine Gefahren verbunden sind? Auf diese Fragen gibt die Fundamentalanalyse Antworten. Die Informationen und Zahlen, die Fundamentalanalysten benötigen, finden sich unter anderem in der Bilanz oder im Geschäftsbericht.

TIPP

Fundamentaldaten sagen etwas darüber aus, ob ein Unternehmen gesund ist und ob die Ergebnisse des Unternehmens positiv stimmen. Sie können auch Aussagen darüber machen, ob diese Gesellschaft eine solide finanzielle Basis hat oder ob vielmehr eine Insolvenz droht. Am beliebtesten sind Fundamentaldaten bei Value-Investoren.

Datenlieferant Bilanz

Die Bilanz eines Unternehmens besteht aus zwei Seiten. Stellen Sie sich ein großes „T" vor. Ganz oben über dem T steht „Bilanz". Über der linken Hälfte steht „Aktiva". Über der rechten steht „Passiva". Vereinfacht gesagt: Auf der linken Seite steht, was das Unternehmen besitzt. Auf der rechten Seite steht, wem es gehört.

Die Aktiva unterteilen sich in Anlagevermögen und Umlaufvermögen. Ein Fabrikgebäude gehört zum Anlagevermögen. Ein Kontostand von 100.000 Euro gehört zum Umlaufvermögen.

Die Passiva teilen sich in Eigenkapital und Fremdkapital auf. Fremdkapital kommt von Banken, Eigenkapital gehört dem Unternehmen. Für Anleger interessant zu wissen: Nimmt ein Unternehmen einen Kredit auf, so wandert diese Summe auf der Passivseite der Bilanz ins Fremdkapital. Gibt ein Unternehmen Aktien aus, so wandern die Einnahmen daraus ins Eigenkapital.

Die Struktur einer Bilanz bedingt, dass auf der linken Seite immer genau so viel Geld stehen muss wie auf der rechten. Schließlich sagt die rechte Seite ja nur, wem die Vermögenswerte der linken Seite gehören.

Viel tiefer muss man an dieser Stelle als Anleger gar nicht gehen. Bereits simple Verhältniszahlen von Anlage- und Umlaufvermögen oder von Eigen- zu Fremdkapital geben Aufschluss über den Zustand eines Unternehmens. Doch dazu gleich mehr. Wer nicht nur die trockene Bilanz lesen, sondern noch mehr Informationen über den Geschäftsverlauf erhalten möchte, der wirft einen Blick in den Geschäftsbericht.

Datenlieferant Geschäftsbericht

Mit diesem legen börsennotierte Gesellschaften einmal pro Quartal und einmal pro Jahr Rechenschaft gegenüber ihren Aktionären und der Öffentlichkeit ab. Sie erklären, wie sich ihr Geschäft im entsprechenden Zeitraum in Zahlen entwickelt hat.

In diesem Bericht werden sowohl die Bilanz als auch die Gewinn-und-Verlust-Rechnung aufgeführt. Dabei gibt die Bilanz Aufschluss über die Vermögenslage, die Gewinn-und-Verlust-Rechnung (GuV) über das Ergebnis der Unternehmenstätigkeit.

Hier findet der Anleger Informationen darüber, wie es um ein Unternehmen finanziell bestellt ist. Wer ein betriebswirtschaftliches Studium absolviert hat, dürfte keinerlei Probleme haben, einen solchen Unternehmensbericht zu lesen – für den Nicht-Eingeweihten kann der Zahlenwust jedoch verwirrend sein.

Glücklicherweise ist es für Börseneinsteiger auch weder nötig noch sinnvoll, sich von vorne bis hinten durch alle Daten zu ackern. Es kann zwar in keinem Fall schaden, wenn man alles versteht, was in solchen Berichten aufgeführt wird. Aber oft reichen schon wenige der aufgeführten Zahlen aus, um zu erfassen, ob ein Unternehmen gut dasteht – oder eben nicht.

 **TIPP**

Der Geschäftsbericht gibt Aufschluss darüber, wie es um ein Unternehmen finanziell bestellt ist. Die Bilanz gibt Aufschluss über die Vermögenslage, die Gewinn-und-Verlust-Rechnung (GuV) über das Ergebnis der Unternehmenstätigkeit.

Das Wichtigste im Überblick

Im Folgenden erklären wir die wichtigsten Begriffe, die regelmäßig in Publikationen zum Thema Aktie Verwendung finden. Es ist unmöglich, alle Feinheiten der Bilanz- und Fundamentalanalyse auf wenigen Seiten abzuhandeln. Dieses Thema ist schließlich so komplex, dass ihm Autoren schon ganze Bücher gewidmet haben, ohne damit den Bereich vollständig abgedeckt zu haben. Doch wenn man erst einmal die Basis erfasst hat, ergeben sich viele Zusammenhänge und Begrifflichkeiten auch im Laufe der Zeit. Zudem sind einige dieser Daten aussagekräftiger als andere und tauchen auch regelmäßig in der Berichterstattung auf – diese werden wir im Rahmen von „Crashkurs Börse" erläutern. Wer tiefer in die Materie einsteigen will, der wird in der Börsenliteratur fündig.

Umsatz und Gewinn

Zu den wichtigsten Größen, die Unternehmen in aller Regel alle drei Monate zum Ende eines jeden Geschäftsquartals veröffentlichen, gehören der Umsatz und der Gewinn. Oft liest man ja in einer Wirtschaftszeitung Schlagzeilen wie „Unternehmen XY hat den Gewinn um 20 Prozent gesteigert" oder „Unternehmen XY hat den Umsatz verdoppelt". Dementsprechend sollte man als Börseneinsteiger auch wissen, was sich hinter diesen beiden Ausdrücken verbirgt.

Der Umsatz ist – vereinfacht gesagt – die Summe aller Erlöse des Unternehmens aus dem Verkauf von Gütern. Diese Güter können Sachgüter wie Produkte sein, aber auch angebotene Dienstleistungen. Daneben kann man Umsatz auch mit der Vermietung und Verpachtung von Dingen erzielen.

Die Differenz zwischen diesen Erlösen und den Ausgaben, sprich Kosten, die das jeweilige Unternehmen im entsprechenden Zeitraum hatte, ergibt den Gewinn, in der Sprache der Wirtschaftswissenschaftler und Börsianer oft auch Ergebnis genannt. Ist dieses Ergebnis negativ, hatte man also mehr Kosten als Erlöse, spricht man nicht von Gewinn, sondern von Verlust.

BEISPIEL

Eine Eisdiele verkauft am Tag 1.000 Waffeln mit jeweils drei Kugeln Eis sowie 500 Eisbecher. Mal angenommen, pro Eishörnchen würde der Verkäufer von seinen Kunden 30 Cent verlangen und pro Eisbecher einen Euro, dann würde er pro Tag 800 Euro umsetzen, der Umsatz läge also bei 800 Euro (1.000 x 0,30 + 500 x 1,00). Nun hat der Besitzer der Eisdiele einige Ausgaben: Er muss für die Herstellung der Hörnchen und der Becher Waffeln und andere Zutaten einkaufen, was sich auf, sagen wir, 200 Euro beläuft. Dann muss er möglicherweise eine Aushilfe bezahlen, die ihm beim Bedienen hilft, veranschlagen wir zehn Stunden à zehn Euro, ergibt 100 Euro. Und er muss berücksichtigen, dass er für seinen Laden Miete sowie Nebenkosten für den Betrieb beispielsweise der Kühlgeräte bezahlen muss, sagen wir pro Tag noch einmal 100 Euro.

Dann hätte der Eisdielenbesitzer, der insgesamt pro Tag 400 Euro an Kosten hat, unterm Strich ein Ergebnis von 400 Euro erzielt (800 Euro Umsatz – 400 Euro Kosten) beziehungsweise einen Gewinn von 400 Euro gemacht.

TIPP

Umsatz ist die Summe der Erlöse, der Gewinn die Differenz aus Erlösen und Kosten. Einen negativen Gewinn, also ein negatives Ergebnis, nennt man Verlust.

EBIT und EBITDA

Mal angenommen die Eisdiele in unserem einfachen Beispiel wäre an der Börse notiert, so müsste sie in ihrem Geschäftsbericht ihren erwirtschafteten Gewinn ausweisen. Gewinn ist aber nicht gleich Gewinn, es gibt dabei auch Unterschiede.

Oft werden in der Bilanz eines Konzerns im Zusammenhang mit dessen Gewinn die Begriffe EBITDA und EBIT genannt. Sie tauchen zudem auch immer wieder in der Wirtschaftsberichterstattung auf.

Ihre Unterscheidung ist verhältnismäßig einfach: Das EBITDA (Earnings Before Interest, Taxes, Depreciation and Amortization) ist der Ertrag vor Zinsen, Steuern und Abschreibungen.

Das EBIT (Earnings Before Interest and Taxes) ist der Gewinn vor Zinsen und Steuern. Er entspricht dem operativen Gewinn beziehungsweise dem Betriebsergebnis. Damit lässt sich die Ertragssituation von Konzernen beurteilen. Gerade beim Vergleich von Unternehmen aus verschiedenen Ländern bietet sich das EBIT an, da Zinsen und Steuern nicht berücksichtigt werden, die von Nation zu Nation unterschiedlich sind.

Hier gibt es Folgendes zu berücksichtigen: Nach Aussage einiger Finanzexperten sind sowohl EBIT als auch EBITDA nicht aussagekräftig, da in ihren Augen die Unternehmen selbst bestimmen können, wie sie diese Größen berechnen. Dass große Konzerne ausreichend Gestaltungsmöglichkeiten haben, ist hinlänglich bekannt. Allerdings sollen unsere Leser nicht an dieser Diskussion teilnehmen, sondern Meldungen verstehen und deren Auswirkung auf die Börse interpretieren können. Damit kommen wir um diese Größen nicht herum.

Gewinn pro Aktie

An der Börse ist es üblich, den Gewinn eines Unternehmens auf die Anzahl aller Aktien dieser Firma umzurechnen. Man teilt den Gesamtgewinn durch die Aktienanzahl. Daraus ergibt sich das sogenannte Ergebnis pro Aktie (kurz EPA), im Englischen auch EPS (Earnings Per Share). Der Gewinn pro Aktie ist eine Schlüsselgröße für die Beurteilung der Entwicklung des Unternehmens. Er dient zudem als Grundlage zur Berechnung verschiedener Kennziffern. Doch dazu später mehr.

 DER VORJAHRESZEITRAUM ENTSCHEIDET

Bei der Bewertung des Quartals eines Unternehmens werden von Analysten und der Wirtschaftspresse Erlös und Ergebnis zumeist nicht mit dem vorangegangenen Quartal, sondern mit demselben Quartal des Vorjahrs verglichen. Das hat einen ziemlich plausiblen Grund, immerhin gibt es in vielen Branchen saisonale Unterschiede bei den Umsätzen.

Bestes Beispiel dafür ist unsere Eisdiele:
Eine Eisdiele macht in den Monaten Juli bis September, vorausgesetzt der Sommer verläuft durchschnittlich und fällt nicht wegen zu viel Regens ins sprichwörtliche Wasser, wesentlich mehr Umsatz als in den Monaten Oktober bis Dezember. Diese beiden Zeiträume in ein Verhältnis zu setzen und miteinander zu vergleichen würde also wenig Sinn ergeben. Daher geht jemand, der das Geschäft dieser Eisdiele in den Monaten Juli bis September einordnen will, so vor, dass er das Ergebnis und den Umsatz der Eisdiele in jenem Quartal mit den Zahlen der Eisdiele in denselben Monaten des Vorjahrs vergleicht. Dann bekommt er einen unverfälschten Eindruck davon, ob die Eisdiele ihr Geschäft verbessert hat oder ob sie eher auf dem absteigenden Ast ist. Zugegeben, bei einer Eisdiele sind die saisonalen Unterschiede schon Extremfälle. Aber in etwas geringerem Maße gibt es diese Mechanismen auch bei Großkonzernen.

 TIPP

Man vergleicht in der Regel das Ergebnis eines Quartals mit dem Ergebnis des Vorjahresquartals, nicht mit dem unmittelbar vorangegangenen Quartal. Das hat seinen Grund in den saisonalen Unterschieden der Quartale bei einem Unternehmen.

Buchwert

Der Buchwert eines Unternehmens soll Aufschluss über die Substanz eines Unternehmens geben. Man kann ihn sich in etwa als das in der Bilanz ausgewiesene Anlagevermögen vorstellen. Präzise berechnet er sich als Summe des Wertes der immateriellen Vermögensgegenstände, der Sach- und Finanzanlagen (das ist das Anlagevermögen), vermindert um Abschreibungen und vermehrt um Zuschreibungen.

Die Definition verdeutlicht zugleich die Schwäche dieser Kennzahl: Wenn ein Unternehmen sehr viel Immobilienbesitz in der Bilanz ausweist oder über sehr viele, sehr teure Maschinen verfügt, dann entsteht ein sehr hoher Buchwert. Dieser sagt allein noch nichts über die Margen oder die Entwicklung der Gesellschaft aus.

Durch die Einbeziehung von Abschreibungen in die Berechnung entsteht hier zusätzlicher buchhalterischer Spielraum, den Anleger bei Betrachtung dieser Größe ebenfalls bedenken sollten.

Cashflow

Der Cashflow soll an dieser Stelle erwähnt werden, weil er in der Literatur und in Analysen öfter auftaucht. Für die Einsteiger, an die sich dieses Buch richtet, ist er eigentlich nicht geeignet. Der Vollständigkeit halber wird er dennoch aufgeführt.

Viele Analysten ziehen den Cashflow eines Unternehmens zur Bewertung heran. Der Grund findet sich darin, dass das normal ausgewiesene bilanzielle Ergebnis Faktoren wie Rückstellungen oder Abschreibungen enthält. Diese Faktoren können den tatsächlichen Zustand der Gesellschaft verschleiern und eine Beurteilung durch den Analysten erschweren. Durch den Cashflow als Kennzahl will man Einblick in die tatsächlich entstehenden Zahlungsströme erhalten.

Er gibt den Zugang an flüssigen Mitteln innerhalb eines gewissen Zeitraums an. Dabei werden nur Mittelzuflüsse gewertet, die aus der Unternehmenstätigkeit oder anderen laufenden Tätigkeiten erzielt werden. Einmalige Zahlungen bleiben außen vor.

Somit sagt der Cashflow etwas über die Liquidität einer Gesellschaft aus: Erzielt diese Gesellschaft regelmäßige Einnahmen? Ist sie in der Lage, aus eigener Kraft große Investitionen zu tätigen? Oder im Umkehrschluss: Leidet das Unternehmen unter einem dauerhaft negativen Cashflow? In diesem Fall droht die Insolvenz.

Der Cashflow wird im Jahres- beziehungsweise Quartalsbericht des Unternehmens ausgewiesen. Neben Brutto- und Netto-Cashflow gibt es den Free Cashflow, der von vielen Analysten als Grundlage für ihre Einschätzung herangezogen wird. Analog zur Vielzahl an Definitionen gibt es auch mehrere Berechnungsarten. Grundsätzlich gibt es eine direkte und eine indirekte Methode. Für den Einsteiger unter den Anlegern reicht die Kennzahl als solche aus. Ambitionierte Naturen finden die genauen Formeln für die Berechnungen in der Fachliteratur.

TIPP

Eigenkapital

Wie weiter oben bereits erwähnt, bilden Eigen- und Fremdkapital zusammen die rechte Seite der Bilanz, also die Passiva. Das Eigenkapital bezeichnet denjenigen Vermögensteil, der nach Abzug sämtlicher Schulden übrig bleibt, das Fremdkapital denjenigen Teil, der nicht vom Unternehmen oder dessen Inhabern zur Verfügung gestellt wird. Isoliert sagt das Eigenkapital nicht viel aus. Erst in Relation zum Gesamtkapital als sogenannte Eigenkapitalquote wird es interessant. Sie finden die Eigenkapitalquote weiter hinten in diesem Kapitel.

Allein ohne Aussage

Für sich allein genommen sagen weder Umsatz noch Gewinn noch Cashflow, Eigenkapital oder die anderen aufgeführten Größen wirklich etwas über die Situation eines Unternehmens aus. Sie geben zwar in gewissem Maße Aufschluss über die Größe eines Unternehmens – so kommt man wohl darauf, dass es sich bei einem Unternehmen, das pro Jahr einen Umsatz von 40 Milliarden Dollar umsetzt, eher um einen internationalen Großkonzern handelt als um ein mittelständisches, regional tätiges Unternehmen. Doch über das Potenzial einer Aktie an der Börse sagt eine Größe wie der Umsatz allein nichts aus. Ähnliches gilt auch für Gewinn, Eigenkapital und Co. An dieser Stelle wollen wir kurz auf eine weitere Kennziffer eingehen, die für sich allein noch nicht allzu viel aussagt, aber für die Fundamentalanalyse unabdingbar ist.

Die Marktkapitalisierung

Ein Begriff, der nicht in der Bilanz eines Unternehmens vorkommt, aber in der Börsenberichterstattung trotzdem häufig Verwendung findet, ist die Marktkapitalisierung. Diese Größe gibt den Markt- oder Börsenwert einer Aktie beziehungsweise des entsprechenden Unternehmens wieder. Sie lässt sich verhältnismäßig einfach errechnen: Man erhält die Marktkapitalisierung, indem man alle Aktien des Unternehmens mit dem aktuellen Kurs des einzelnen Papiers multipliziert. Damit zeigt die Marktkapitalisierung an, wie viel man an der Börse aktuell für dieses Unternehmen bezahlen müsste. Die Marktkapitalisierung ist keine feste Größe, sie ändert sich parallel zum Aktienkurs. Legt der Aktienkurs beispielsweise um fünf Prozent zu, vergrößert sich auch die Marktkapitalisierung um fünf Prozent. Praktischerweise wird die Marktkapitalisierung eines Unternehmens auf Internetseiten, die Aktienkurse anbieten, oft gleich auch mit der Notierung angegeben.

Wichtig für den Börseneinsteiger: Die Marktkapitalisierung kann mitunter deutlich vom fairen Wert eines Unternehmens abweichen – zu Zeiten des Neuen Marktes oder des Internet-Booms um die Jahrtausendwende etwa war die Marktkapitalisierung vieler Unternehmen deutlich höher als ihr Substanzwert. Zudem sagt die Marktkapitalisierung an sich nichts über das Potenzial eines Unternehmens beziehungsweise seiner Aktie an der Börse aus.

Grundsätzlich ist die Marktkapitalisierung aber dennoch sehr hilfreich. Vor allem, um die Größe eines börsennotierten Unternehmens zu erfassen. Sie verdeutlicht, ob man es eher mit einer kleinen Gesellschaft, also einem sogenannten Small Cap, einem mittleren Unternehmen, also einem Mid Cap, oder mit einem großen Konzern, also einem Big Cap beziehungsweise Blue Chip, zu tun hat. Damit lässt sich zumindest ansatzweise etwas über das Risiko eines Investments in diese Firma sagen. Grundsätzlich gilt: Die Aktien von Großkonzernen, die eine Marktkapitalisierung im zwei- oder gar dreistelligen Milliarden-Dollar-Bereich ausweisen, sind in der Regel für Kursschwankungen nicht so stark anfällig wie die Notierungen kleinerer Unternehmen, die vielleicht nur 100 Millionen Dollar oder weniger auf die Waage bringen. Was im Übrigen auch mit der Handelbarkeit zu tun hat: Die Handelsumsätze der Aktien von großen Unternehmen sind größer als die von kleinen Firmen; die Aktienkurse der Großen lassen sich daher weniger leicht bewegen als die der Kleinen.

TIPP

Die Marktkapitalisierung hilft dem Börsianer, die Größe eines börsennotierten Unternehmens zu erfassen. Sie kann mitunter deutlich vom Substanzwert der Gesellschaft abweichen. Als Größe zur Bewertung eines Investments ist sie nicht geeignet.

Der Sinn von Kennziffern

Allein können weder Umsatz noch Gewinn noch die Marktkapitalisierung helfen, Unternehmen wirklich zu beurteilen. Der Trick ist, die einzelnen Zahlen aus der Bilanz und dem Geschäftsbericht miteinander oder mit dem Börsenkurs in Relation zu setzen. Das Ergebnis solcher Berechnungen sind verschiedene Kennziffern, die von Fundamentalanalysten zur Bewertung von Unternehmen eingesetzt werden. Die wichtigsten stellen wir Ihnen jetzt vor.

TIPP

Wenn man gewisse Größen aus der Bilanz in Relation zueinander oder zu anderen bekannten Größen setzt, ergeben sich Kennziffern, die auf die Bewertung eines Unternehmens und einer Aktie durch den Gesamtmarkt hinweisen.

Das Kurs-Gewinn-Verhältnis (KGV)

Eine der in der heutigen Finanzbranche am häufigsten zu Rate gezogenen Kennziffern ist das Kurs-Gewinn-Verhältnis, kurz KGV. Das KGV errechnet sich, indem man den aktuellen Kurs einer Aktie durch den Gewinn je Aktie – das oben erwähnte Ergebnis pro Aktie – dividiert.

$$\text{KGV} = \frac{\text{Aktienkurs}}{\text{Gewinn pro Aktie}}$$

Notiert etwa die Aktie eines Unternehmens bei 20 Euro und dieses Unternehmen erwirtschaftet einen Gewinn, der auf die einzelne

Aktie gerechnet zwei Euro beträgt, dann hat die Aktie ein KGV von 10 (20 : 2 = 10). Unternehmen, die keinen Gewinn erzielen, sondern sich noch in der Verlustzone bewegen, haben dementsprechend ein negatives KGV. Wenn man so will, ist das KGV nichts anderes als eine andere Darstellung der Rendite einer Aktie: Teilt man 100 durch das KGV einer Aktie, erhält man eine Prozentzahl, welche die Gewinnerwartung des Marktes gegenüber dem Aktienkurs wiedergibt. In diesem Fall kann man auch von der Gewinnrendite einer Aktie sprechen.

Da an der Börse oftmals eher die Zukunft als die aktuelle Situation gehandelt wird, zieht man bei der Errechnung des KGVs in der Regel auch als Gewinngröße den geschätzten Gewinn eines der kommenden Geschäftsjahre heran. Das Ergebnis aus der Division des aktuellen Aktienkurses durch den geschätzten Gewinn pro Aktie – etwa für das Jahr 2009 – wird dann als KGV 2009e bezeichnet. Das e steht dabei für „estimate", das englische Wort für Schätzung, und ist eine international übliche Schreibweise.

 TIPP

Das KGV errechnet sich, indem man den aktuellen Kurs einer Aktie durch den Gewinn je Aktie – das oben erwähnte Ergebnis pro Aktie – dividiert. Notiert etwa die Aktie eines Unternehmens bei 20 Euro und dieses Unternehmen erwirtschaftet einen Gewinn, der auf die einzelne Aktie gerechnet zwei Euro beträgt, hat die Aktie ein KGV von 10 (20 : 2 = 10).

Der Vergleich zählt

Das KGV ist vor allem beim Vergleich zweier Unternehmen/Aktien aus ein und derselben Branche interessant – und eigentlich auch nur da hilfreich. Branchenübergreifend macht ein Vergleich nur bedingt Sinn. Zu argumentieren, dass die Aktie eines Autobauers mit einem KGV von 5 eher kaufenswert sei als die Aktie eines chinesischen Internetunternehmens mit einem KGV von 30, wäre unsachlich – solche Vergleiche hinken. Zudem muss ein niedriges KGV nicht immer gleichbedeutend mit einem günstigen Preis sein. Man sollte bei der Beurteilung eines KGVs vielmehr die künftigen Gewinnwachstumsraten des Unternehmens heranziehen. Liegen diese etwa jährlich bei 50 Prozent über die kommenden fünf Jahre, ist ein KGV von 30 als Schnäppchen zu werten. Dagegen wäre ein KGV von 30 für die Aktie eines Unternehmens, das im gleichen Zeitraum gerade einmal im einstelligen Prozentbereich zulegen soll, sehr teuer.

Price/Earnings to Growth Ratio (PEG Ratio)

Um das Verhältnis zwischen dem KGV und dem Gewinnwachstum auszudrücken, gibt es ebenfalls eine Kennzahl: das sogenannte Price/Earnings to Growth Ratio, kurz PEG Ratio. Dabei wird das KGV durch das durchschnittliche prozentuale Gewinnwachstum dividiert. Ist das Gewinnwachstum höher als das KGV, so besitzt die Aktie weiteres Potenzial. Trifft ein hohes KGV auf geringes Wachstum, so werden Fundamentalanalysten vorsichtig. Sind Gewinnwachstum und KGV gleich groß, so liegt ein PEG von 1,00 vor. Ein PEG von unter 1,00 deutet auf eine aktuell niedrige Bewertung einer Aktie hin.

$$\text{PEG} = \frac{\text{KGV}}{\text{Gewinnwachstum in Prozent}}$$

Ein Beispiel: Die Aktie von Unternehmen X notiert aktuell bei 175,27 Dollar. Der Gewinn pro Aktie, den der Durchschnitt der Analysten für das kommende Geschäftsjahr erwartet, liegt bei 6,35 Dollar. Teilt man den aktuellen Kurs durch diese Gewinnschätzung, erhält man den Quotienten 27,6 (175,27 : 6,36 = 27,6). 27,6 ist nun das geschätzte KGV für das kommende Jahr. Da man das KGV in der Regel ohne Kommastelle schreibt, rundet man es in diesem Fall einfach auf 28 auf.

Nun muss man dieses KGV in Relation zum erwarteten Gewinnwachstum setzen, um das PEG Ratio zu erhalten. An das Gewinnwachstum gelangt man, wenn man den Gewinn pro Aktie des aktuellen Jahres von dem des kommenden Jahres abzieht, diese Differenz durch den Gewinn des aktuellen Jahres dividiert und das Ergebnis mit dem Faktor 100 multipliziert.

Im Falle von Unternehmen X wären das 6,35 Dollar (Gewinn pro Aktie des kommenden Jahres) minus 5,20 Dollar (Gewinn pro Aktie des laufenden Jahres) geteilt durch 5,20 Dollar mal 100. Daraus ergibt sich ein Wachstum von 22 Prozent. (Es ist zwar sinnvoller, zur Errechnung eines Wachstums einen längeren Zeitraum als nur ein Jahr zu wählen, doch aus Gründen der Vereinfachung soll dieses Beispiel erst einmal genügen.)

Nun wird das KGV, in diesem Fall 28, durch das Gewinnwachstum, in diesem Fall 22, geteilt. Das Ergebnis lautet 1,27. Unternehmen X ist damit gemäß der Definition, dass ein PEG von unter 1,00 auf eine niedrige Bewertung einer Aktie hindeutet, kein Schnäppchen mehr. Wer das Papier kaufen will, sollte also bessere Gründe als das PEG Ratio haben.

Das Kurs-Umsatz-Verhältnis (KUV)

Eine weitere Kennziffer, die ebenfalls immer wieder zum Einsatz kommt, ist das Kurs-Umsatz-Verhältnis, kurz KUV. Hier ist es nicht der Gewinn, der zum Kurs in Verhältnis gesetzt wird, sondern der Umsatz: Das KUV wird errechnet, indem man den aktuellen Kurs einer Aktie durch den Umsatz pro Aktie teilt. Oder noch einfacher, indem man die Marktkapitalisierung des Unternehmens durch dessen Umsatz teilt.

$$\text{KUV} = \frac{\text{Marktkapitalisierung}}{\text{Umsatz}}$$

Daher wird das KUV auch des Öfteren als MUV (Marktkapitalisierungs-Umsatz-Verhältnis) bezeichnet. Weist ein Unternehmen etwa eine Marktkapitalisierung von 500 Millionen Euro auf und erzielt einen Umsatz von 250 Millionen Euro, ergibt sich daraus ein KUV von 2 (500.000.000 : 250.000.000).

Das KGV ist zwar geläufiger als das KUV, das KUV kann jedoch unter anderem dann als Kriterium herangezogen werden, wenn das

KGV entfällt, beispielsweise weil noch kein Gewinn erzielt wird – wo kein Gewinn, da auch kein Kurs-Gewinn-Verhältnis.

Dafür sagt das KUV nichts über die Profitabilität eines Unternehmens aus. Wie beim KGV wird aber auch beim KUV als Grundlage nicht die tatsächliche, sondern die für die Zukunft geschätzte Größe – hier eben der Umsatz des jeweiligen Unternehmens – herangezogen. Das KUV auf Basis der Umsatzschätzungen für 2017 gibt man dann als KUV 2017e an.

TIPP

Das Kurs-Umsatz-Verhältnis (KUV) kann vor allem dann zum Einsatz kommen, wenn das KGV entfällt, beispielsweise weil noch kein Gewinn erzielt wird und es daher kein KGV beziehungsweise nur ein negatives gibt.

Eigenkapitalquote

Die Eigenkapitalquote ist sehr wichtig. Sie ist das prozentuale Verhältnis des Eigenkapitals zur Bilanzsumme eines Unternehmens und wird herangezogen, um zu erkennen, zu welchem Anteil die Gesellschaft mit Eigenkapital finanziert ist.

Berechnet wird diese Quote, indem man das Eigenkapital mit dem Faktor 100 multipliziert und das Produkt durch die Bilanzsumme teilt. Die Bilanzsumme ist die Summe, die sich bei der Addition entweder sämtlicher Aktiva oder sämtlicher Passiva einer Bilanz ergibt – wie oben bereits gesagt, müssen beide Zahlen identisch sein.

Über die korrekte Beurteilung der Eigenkapitalquote streiten die Gelehrten. Eines ist klar: Je niedriger die Eigenkapitalquote eines Unternehmens, umso größer ist der Anteil des Fremdkapitals, umso mehr Kreditzinsen müssen bezahlt werden, umso riskanter ist ein Investment in die entsprechende Aktie. Befürworter einer geringen Eigenkapitalquote führen gern die Hebelwirkung des Fremdkapitals ins Feld: Ihrer Argumentation zufolge gelingt es einem gut arbeitenden Unternehmen, eine höhere Rendite zu erwirtschaften als die Zinsen, die am Kapitalmarkt für Kredite verlangt werden. Unter dieser Voraussetzung führt jeder Euro, den die Firma mehr aufnimmt, unter dem Strich zu einem höheren Gewinn.

Anleger sollten beim Blick auf die Eigenkapitalquote gesunden Menschenverstand walten lassen und die Rahmenbedingungen mit einbeziehen. Ein Stahlkonzern mit langjähriger Firmentradition sollte eine deutlich höhere Eigenkapitalquote aufweisen als ein junges, expandierendes Unternehmen.

TIPP

Verallgemeinert gilt: Je niedriger die Eigenkapitalquote, desto riskanter das Investment.

Kurs-Cashflow-Verhältnis (KCV)

Das Kurs-Cashflow-Verhältnis (KCV) ist eine Kennzahl, die das Verhältnis des Aktienkurses zur Liquidität eines Unternehmens wiedergibt. Man errechnet es, indem man den Aktienkurs eines Unternehmens durch den Cashflow dieses Unternehmens je Aktie teilt.

$$KCV = \frac{Kurs}{Cashflow\ pro\ Aktie} = \frac{Marktkapitalisierung}{Cashflow}$$

Beim KCV gilt wie beim KGV: Je niedriger der Wert, desto günstiger die Aktie. Das KCV hat gegenüber dem KGV einen entscheidenden Vorteil: Wenn das Unternehmen einen Verlust ausweist, das KGV dann also negativ und daher nur bedingt aussagekräftig ist, kann das KCV dem Anleger einen wesentlich besseren Aufschluss über die Bewertung des jeweiligen Unternehmens geben.

EBITDA-/EBIT-Marge

Die sogenannte EBITDA-Marge beschreibt das Verhältnis des EBITDA zum Umsatz (EBITDA : Umsatz), die EBIT-Marge dementsprechend die Relation zwischen EBIT und Umsatz (EBIT : Umsatz). Beide sagen etwas über die operative Ertragskraft eines Unternehmens aus.

$$\text{EBIT-Marge} \quad = \quad \frac{\text{EBIT} \times 100 \text{ Prozent}}{\text{Umsatz}}$$

Kurs-Buchwert-Verhältnis (KBV)

Das Kurs-Buchwert-Verhältnis (KBV) ist eine Kennziffer, die in der Regel vor allem von Value-Investoren herangezogen wird. Sie sagt etwas darüber aus, wie der Markt ein Unternehmen bewertet. Sie errechnet sich, indem man den Kurs einer Aktie durch deren Buchwert dividiert.

$$\text{KBV} \quad = \quad \frac{\text{Kurs}}{\text{Buchwert pro Aktie}}$$

Vereinfacht lässt sich sagen, dass eine Aktie umso preiswerter ist, je niedriger ihr KBV ist. Wenn man den Buchwert als fairen Wert eines Unternehmens ansetzt, dann sagt das KBV aus, wievielmal man den fairen Wert an der Börse bezahlen muss, um einen Anteil an dem Unternehmen zu erwerben.

TIPP

Das Kurs-Buchwert-Verhältnis (KBV) wird in der Regel vor allem von Value-Investoren herangezogen. In der Popularität unter Analysten und Börsianern wurde es immer mehr vom Kurs-Gewinn-Verhältnis (KGV) verdrängt.

Wenn Kennziffern täuschen

Auch wenn sie in vielen Artikeln und Büchern, die sich mit der Bewertung von Aktien beschäftigen, häufig auftauchen – man sollte sich auf die Aussagen von Kennziffern nie blind verlassen. Ein niedriges KGV oder KUV/MUV allein sagt beispielsweise noch lange nichts darüber aus, ob ein Unternehmen gut oder die entsprechende Aktie aussichtsreich ist. Man muss diese Kennziffern immer in Beziehung zu den entsprechenden Kennziffern anderer Werte aus derselben Branche setzen – das nennt man Peergroup-Vergleich. Unternehmen aus wachstumsstarken Branchen spricht man in der Regel auch ein höheres KGV zu. Wenn zwei Unternehmen aus derselben Branche bei ähnlichen Wachstumsaussichten unterschiedliche KGVs haben, spricht man bei dem Unternehmen, das das niedrigere KGV aufweist, von dem günstigeren Unternehmen.

Wenn eine Aktie niedrig bewertet ist, muss das nicht automatisch auch bedeuten, dass sie günstig und daher kaufenswert wäre. Denn möglicherweise will sie aus gutem Grund niemand haben – etwa weil die Wachstumsaussichten dieses Unternehmens oder der entsprechenden Branche schlecht sind.

TIPP

Kennziffern können auch täuschen. Sie dienen zwar als Entscheidungshilfe, sollten aber nie allein für eine Entscheidung verantwortlich sein, ob man eine Aktie kauft oder nicht.

Im Umkehrschluss heißt es auch nicht, dass eine Aktie nicht kaufenswert wäre, nur weil sie ein hohes KGV hat. Auch an der Börse gilt ein altes kaufmännisches Gesetz: „Was von vielen nachgefragt wird, hat einen hohen Preis." Und an der Börse schlägt sich so etwas in einer hohen Bewertung nieder. Eine Aktie wie die des US-Suchmaschinenbetreibers Google hat beispielsweise traditionell eine hohe Bewertung. Das hat den Börsianern seit dem Google-Börsengang im Jahr 2004 nicht viel ausgemacht – die Aktie kostete nach Meinung fast aller Experten schon zum IPO zu viel und markiert seitdem ein All-Time-High nach dem anderen – das letzte im Februar 2016 bei 789,87 Dollar. Anders gesagt: Google – oder besser gesagt: Alphabet – war noch nie billig.

TIPP

Kennziffern sind lediglich Indizien, die dem Anleger helfen können, die Bewertung einer Aktie durch den Markt zu beurteilen – ob die

Aktie dann später steigt oder fällt, entscheidet aber grundsätzlich das Verhalten des Marktes. Und das kann mitunter sehr irrational und von psychologischem statt fundamentalem Hintergrund sein.

Zahlen sind nicht alles

Kennziffern sind an der Börse nicht alles. Die Kritiker der „reinen Lehre" der Fundamentalanalyse bemängeln an ihr, dass sie lediglich Zahlen berücksichtigt, nicht aber die Psychologie der Marktteilnehmer. Eine Disziplin bei der Bewertung von Aktien und ihren Aussichten an der Börse, bei der besagte Psychologie eine wesentlich größere Rolle spielt als bei der Analyse von Bilanzdaten und Kennziffern, ist die Charttechnik oder Technische Analyse. Sie befasst sich mit den Kursverläufen von Wertpapieren und Indizes – und mit den Möglichkeiten, aus deren Vergangenheit auf künftige Entwicklungen zu schließen. Nachfolgend erläutern wir die Grundlagen der Charttechnik.

Charttechnik

An dieser Stelle ein Wort vorweg: Die Charttechnik ist eine der beiden großen Disziplinen, in denen sich Anleger seit vielen Jahren üben. Alle Entwicklungen, Meinungen und Varianten darzustellen würde nicht nur den Rahmen dieses Einführungswerks sprengen. Wir wollen unseren Lesern an dieser Stelle nur die Grundlagen vermitteln. Sollten wir damit Lust auf mehr wecken können, so freut uns das. Weiterführende Literatur finden Sie am Ende dieses Buches.

Die Charttechnik, wie wir sie heute kennen und anwenden, stammt aus den USA. Ab dem Jahr 1884 veröffentlichte Charles Dow im *Wall Street Journal* Artikel zum Thema Chartanalyse. Anleger in aller Welt begegnen Dow noch heute – in Form des von ihm entwickelten US-amerikanischen Leitindex Dow Jones. Charles Dow ging davon aus, dass sich Finanzmärkte zyklisch verhalten und in Wellen verlaufen. Auf dieser Theorie baute ab den 1930er-Jahren der Mathematiker Ralph Nelson Elliott auf. Seine Elliott-Wellen werden von Charttechnikern noch heute benutzt. Das erste umfassende Kompendium zum

Thema Chartanalyse erschien bereits im Jahr 1932, der Titel: „Technical Analysis and Stock Market Profits: A Course in Forecasting".

Abgrenzung zur Fundamentalanalyse

Die Chartanalyse, oft auch Technische Analyse genannt, konzentriert sich auf die Entwicklung des Kursverlaufs. Ein Chart ist die grafische Darstellung des Kursverlaufs über einen bestimmten Zeitraum hinweg. Sämtliche Fundamentaldaten bleiben bei der Technischen Analyse außen vor. Bevor wir uns einigen grundsätzlichen Begriffen zuwenden, wollen wir einen Blick auf die grundlegenden „Glaubenssätze" der Charttechnik werfen.

Grundannahmen der Charttechnik

Es gibt insgesamt nur drei Annahmen, auf denen das gesamte Gebäude der Charttechnik aufbaut. Diese lauten:

1. Der Markt diskontiert alles.
2. Kurse bewegen sich in Trends.
3. Die Geschichte wiederholt sich.

Der Markt diskontiert alles

Die erste Annahme ist auch gleichzeitig die radikalste und wichtigste. Man kann sie auch einfach ausdrücken: Im Kurs ist alles enthalten. Das ist der wichtigste Glaubenssatz eines jeden Charttechnikers. Er besagt, dass alle nur denkbaren Faktoren, die sich auf den Kurs irgendwie auswirken könnten, bereits in diesem Kurs enthalten sind.

Damit entfällt umgehend die Notwendigkeit, etwas anderes als den Kurs zu betrachten. Wenn ich alle Informationen in diesem Kurs bereits widergespiegelt finde, dann muss ich mir nicht die Mühe machen, sie selber zu suchen und zu interpretieren.

An dieser Stelle ein Zitat aus einem der besten Grundlagenwerke zum Thema Charttechnik: „Der Technische Analyst weiß, dass es Gründe dafür gibt, warum Märkte hoch oder runter gehen. Er oder sie glaubt nur nicht, dass das Wissen um diese Gründe bei der Prognose nötig ist." (John Murphy: „Technische Analyse der Finanzmärkte")

Kurse bewegen sich in Trends

Das ist der zweite Kernsatz der Charttechnik. Das Ziel der Charttechnik ist es, Trends frühzeitig aufzuspüren, sie zu identifizieren und ihre Qualität einzuschätzen. Ist ein Trend identifiziert, so soll sie dem Charttechniker ermöglichen, sich in die richtige Richtung zu positionieren und den richtigen Zeitpunkt zum Ein- und zum Ausstieg zu finden. Das alles ist nur möglich, wenn sich Kurse in Trends bewegen. Außerdem ist es nur möglich, wenn man diesen Trends eine gewisse Bedeutung zumisst. Charttechniker gehen davon aus, dass sich ein Trend tendenziell fortsetzt. Auf dieser Annahme basiert ein Großteil aller technischen Handelsansätze.

Die Geschichte wiederholt sich

Wie wir später sehen werden, hat Charttechnik viel mit Psychologie zu tun. Kurse werden von Menschen gemacht. Menschen reagieren auf Ereignisse und machen dadurch Kurse. Und Menschen reagieren auf Kurse – und produzieren dadurch abermals Kurse. Charttechniker glauben, dass Reaktionen in der Zukunft ähnlich ausfallen werden wie in der Vergangenheit. Wenn ein bestimmtes Muster in der Vergangenheit oftmals zu einem bestimmten Kursverhalten geführt hat, dann glaubt der Charttechniker daran, dass ein ähnliches Muster in Zukunft auch zu einem ähnlichen Kursverhalten führen wird.

 PSYCHOLOGIE I

Bereits die Grundannahmen der Charttechnik zeigen: Charts beruhen auf Psychologie – und auch die Charttechnik selber hat viel mit Psychologie zu tun. Ein gutes Beispiel sind runde Zahlen. Nehmen wir eine Aktie, die in der Vergangenheit bereits mehrmals an einem Widerstand bei 100 Euro gescheitert ist. Das wissen auch die Anleger, die diese Aktie im Depot haben, und diejenigen, die sie beobachten. Wenn nun der Kurs dieser

Aktie in Richtung 100-Euro-Marke klettert, dann geschieht das Folgende: Das Kaufinteresse vonseiten der Beobachter lässt nach, das Verkaufsinteresse vonseiten der Investierten nimmt zu. Das Ergebnis dieser Verschiebung von Angebot und Nachfrage: Trendwende und fallende Kurse. Die Erklärung eines Charttechnikers: Der Kurs ist am Widerstand gescheitert. Dahinter steckt jedoch kein besonderes Bewertungskriterium oder höhere Gewalt. Der gesamte Kursverlauf ist nichts anderes als das Ergebnis der Meinung der Anleger über die weiteren Kursaussichten. So entstehen Charts, so entstehen Unterstützungen und Widerstände. Psychologen haben für das Ganze auch einen schönen Namen: „self-fulfilling prophecy" oder „sich selbst erfüllende Prophezeiung". Auf Deutsch: Wenn an der Börse alle glauben, dass eine Aktie fallen wird, dann wird sie auch fallen. Verstärkt wird dieses Phänomen noch durch das Zusammenspiel internationaler Großbanken und moderner Technologien. Die Regeln der Technischen Analyse finden sich in vielen sogenannten quantitativen Analysemodellen wieder. Das sind Computerprogramme, die aufgrund der Marktentwicklung in Echtzeit Kauf- und Verkaufsempfehlungen geben. Wenn sich genug dieser Programme über die Aussichten eines bestimmten Wertes einig sind, dann besteht eine große Wahrscheinlichkeit, dass dieser auch die entsprechende Richtung einschlagen wird.

Was ist ein Chart?

Beginnen wir mit der einfachsten Frage überhaupt: Was ist ein Chart? Ein Chart ist die grafische Darstellung von Kursbewegungen über einen bestimmten Zeitraum. Er wird als Diagramm mit zwei Achsen gezeichnet. Die x-Achse entspricht der Zeit, die y-Achse entspricht dem Kurs. Ein Chart zeigt also an, zu welchem Zeitpunkt ein bestimmtes Wertpapier oder ein bestimmter Index zu welchem Kurs gehandelt wurde.

Bei der y-Achse gibt es eine Besonderheit: Sie kann entweder linear oder logarithmisch dargestellt werden. Bei einer linearen Darstellung ist der Abstand zwischen 20 und 30 Euro genauso groß wie der zwischen

100 und 110 Euro. Es zählt nur die absolute Veränderung. Bei der logarithmischen Darstellung wird stärker auf die prozentuale Entwicklung eingegangen. Hier rücken die Zahlen auf der y-Achse bei steigenden Werten immer näher zusammen. Der Abstand zwischen 20 und 30 Euro ist hier genauso groß wie der zwischen 200 und 300 Euro. Viele Charttechniker bevorzugen die logarithmische Darstellungsform, in der die prozentuale Veränderung stärker zum Ausdruck kommt.

Wenn Sie im Zweifel sind, welche Darstellungsform für einen bestimmten Chart die richtige ist, dann zeichnen Sie einfach ein paar Trendlinien ein (wir zeigen Ihnen gleich, wie das geht). Gemeinsam mit Ihnen blicken viele andere Anleger auf diesen Chart. Sie können davon ausgehen, dass die Marktmeinung sich nach der Darstellungsform richtet, in der die Trendlinien besser zu den vergangenen Kursbewegungen passen.

Welche Zeiträume werden abgedeckt?

Charts werden für die verschiedensten Zwecke herangezogen. Day-Trader benutzen Echtzeitcharts, die jede einzelne Kursbewegung festhalten. Sogenannte Intraday-Charts zeigen an, was innerhalb eines einzelnen Handelstags passiert ist. Das Intervall, in dem neue Daten in das Kursdiagramm eingetragen werden, variiert hier von wenigen Sekunden bis hin zu Minuten oder sogar einer Stunde. Die gängigste Chart-Art ist der Tageschart. Hier entspricht ein Intervall einem Handelstag. Für historische Betrachtungen kann man das Intervall auch auf eine Woche, einen Monat oder sogar ein Jahr heraufsetzen.

Wozu ist ein Chart gut?

Ganz egal, welches Intervall verwendet wird, ein Chart soll immer einen bestimmten Zweck erfüllen: Er soll die Unmenge an Kursinformationen vereinfachen und veranschaulichen. Je länger das Intervall gewählt wird, desto mehr „Hintergrundrauschen" wird ausgeblendet und desto mehr zeichnen sich übergeordnete Trends ab. Diese Trends aufzuspüren und von ihnen zu profitieren ist eines der Ziele der Charttechnik. Zudem versucht sie, sich wiederholende Muster innerhalb des Charts aufzuspüren und aus dem Kursverhalten der Vergangenheit auf künftige Entwicklungen zu schlussfolgern. Je nach Vorliebe des Charttechnikers kommen dabei verschiedene Darstellungsformen zum Einsatz.

Welche Darstellungsformen gibt es?

Die Menge der Darstellungsformen, die in der Praxis zum Einsatz kommen, ist immens. Wir werden uns im Folgenden auf die in Deutschland gängigsten Methoden beschränken.

Der Linienchart

Der einfachste Chart ist der Linienchart (siehe Abb. 4.0).

Der Linienchart stellt die Verbindung der Schlussnotierungen des gewählten Kursintervalls dar. Er ist beispielsweise in Intraday-Charts, deren Intervall aus nur einem Tick besteht (Tick = Kursbewegung; jeder einzelne Tick wird angezeigt), die gängige Darstellungsform. Bei längeren Intervallen gehen im Linienchart Informationen verloren: Der Schlusskurs des Intervalls sagt nichts darüber aus, wie sich der Kurs innerhalb des Intervalls verhalten hat. Einige der bekanntesten Analysemethoden der Charttechnik lassen sich im Linienchart nicht anwenden. Deswegen findet man ihn wie gesagt vor allem in der Intraday-Darstellung oder als Basiseinstellung in den Chartmodulen öffentlich

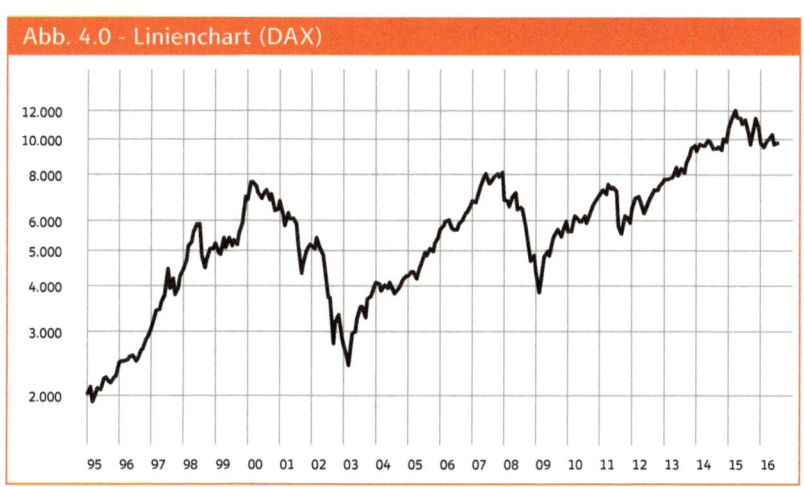

Abb. 4.0 - Linienchart (DAX)

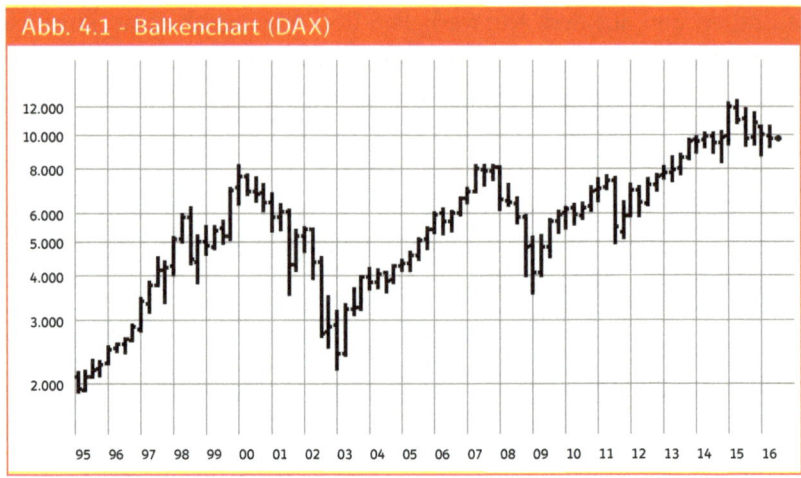

Abb. 4.1 - Balkenchart (DAX)

zugänglicher Internetseiten. Fortgeschrittene Börsianer, technische Analysten und Trader bevorzugen in der Regel andere Darstellungsformen.

Der Balkenchart

Etwas ausgefeilter ist der Balkenchart, im englischsprachigen Raum als Bar Chart bekannt. Er ist ein sogenannter OHLC-Chart. OHLC steht für „Open High Low Close". An ihm kann man für jedes einzelne Intervall den Eröffnungs- und den Schlusskurs sowie das Tageshoch und das Tagestief ablesen (siehe Abb. 4.1).
Jeder einzelne Balken hat dabei folgendes Aussehen:

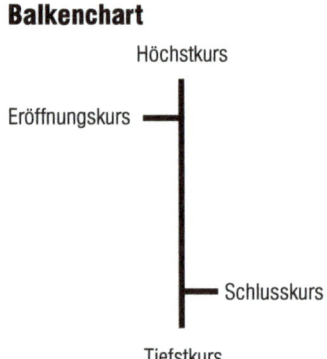

Balkenchart

Höchstkurs

Eröffnungskurs —

— Schlusskurs

Tiefstkurs

Die vertikale Ausdehnung des Balkens spiegelt die Handelsspanne innerhalb des Intervalls wider. Der höchste Punkt entspricht dem Tageshoch, der niedrigste Punkt dem Tagestief. Der linke Querbalken steht für den Eröffnungs-, der rechte Querbalken für den Schlusskurs.

Wie unschwer zu erkennen ist, kann man aus einem Balkenchart bereits viel mehr Informationen ablesen als aus einem Linienchart. Man sieht grafisch vor sich, wie die Stimmungskurve der Anleger an diesem Tag verlaufen ist: War viel los? Hat sich der Kurs kaum bewegt? Hat die Aktie zwar insgesamt zugelegt, gegenüber dem Tageshoch am Ende jedoch stark verloren? Antworten auf all diese wichtigen Fragen sind in jedem einzelnen Balken enthalten.

Eine Darstellungsform, die diese Vorzüge des Balkencharts beinhaltet und sie sogar noch weiter ausbaut, ist der sogenannte Kerzenchart. Er erfreut sich mittlerweile auch unter deutschen Anlegern großer Beliebtheit.

Der Kerzenchart

Der Kerzenchart – gängiger auch Candlestick – ist die japanische Variante des Balkencharts (siehe Abbildung 4.2).

Der Überlieferung zufolge war der japanische Reishändler Munehisa Homma im 18. Jahrhundert derjenige, der die Candlestick-Charts entwickelte. Er benutzte diese Darstellungsform, um aus vergangenen

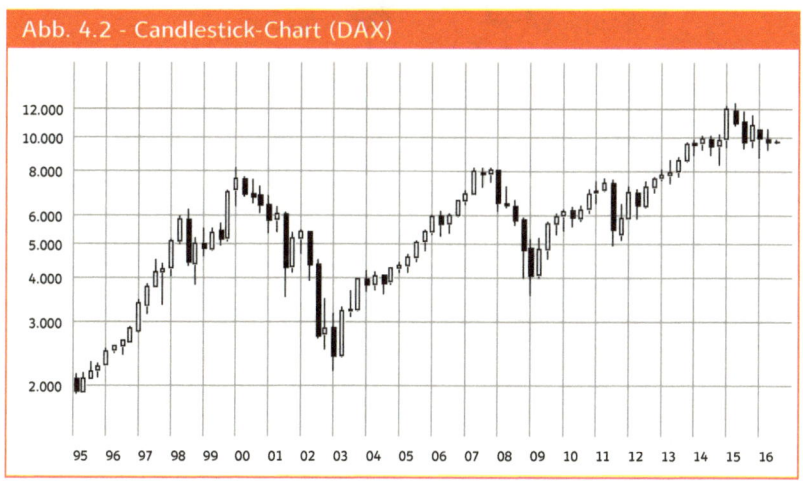

Abb. 4.2 - Candlestick-Chart (DAX)

Kursverläufen am Reismarkt die künftige Entwicklung der Preise zu prognostizieren.

Ein Candlestick beinhaltet die Elemente eines Balkens, bietet aber den Vorteil, dass man an seiner Farbe auf einen Blick ablesen kann, ob der Handelstag mit Gewinn oder Verlust geendet hat. Der Körper des einzelnen Candlesticks spiegelt die Kursspanne zwischen Schlusskurs und Eröffnungskurs wider. In diesem Körper liegt auch die Besonderheit der Kerzencharts. Ist er weiß, so lag der Schlusskurs über dem Eröffnungskurs. Ist er schwarz, so hat der Markt schwächer geschlossen. Man kann somit auf einen Blick die Tendenz des durch den Candlestick abgebildeten Intervalls erkennen. Meist ragen oben und unten aus dem Kerzenkörper senkrechte Linien heraus. In der Regel wird die obere Linie als Docht und die untere Linie als Lunte bezeichnet.

Candlestick-Chart

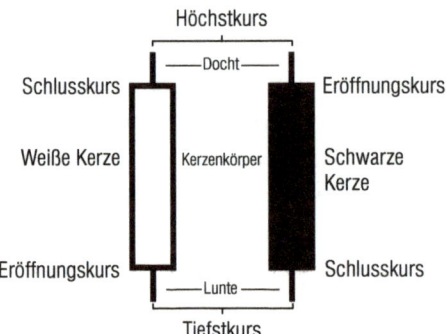

 **TIPP**

Alles, was auf den nächsten Seiten allgemein zum Thema Charttechnik besprochen wird, gilt auch für Candlestick-Charts. Allerdings bietet diese Darstellungsform dem Charttechniker noch weitere Signale, die in der klassischen Charttechnik so nicht vorkommen. Wer gerne mehr über die Geheimnisse der Kerzencharts erfahren möchte, dem empfehlen wir das Studium weiterführender Literatur.

Weitere Darstellungsformen

Neben den genannten, gängigsten Methoden, einen Chart darzustellen, existieren noch viele weitere Formen. Manche, wie beispielsweise Point-and-Figure-Charts, sind langsam auch in Deutschland auf dem Vormarsch. Andere Formen, wie beispielsweise Renko-Charts, sind und bleiben exotisch. Interessierte Anleger können und sollten sich anhand der reichlich vorhandenen Spezialliteratur informieren.

Was ist ein Trend?

Trends sind ein elementares Konzept innerhalb der Charttechnik. Eine der oben genannten drei Grundannahmen lautet ja: „Kurse bewegen sich in Trends." Mit dieser Grundannahme wird festgelegt, dass die Kurse an verschiedenen Tagen nicht willkürlich entstehen und ohne jeden Zusammenhang zueinander sind. Eines der wichtigsten Ziele der Charttechnik ist es, Trends aufzuspüren. Zu wissen, ob der Markt oder eine einzelne Aktie sich in einem Trend befindet, ist für den Charttechniker eine sehr wichtige Information. Auch wenn ein Markt sich derzeit in keinem erkennbaren Trend befindet, sollte man das als Anleger wissen und beherzigen.

Was für Trends gibt es?

Aktienkurse steigen und fallen. Die Punkte in einem Chart, an denen Kurse von einer Abwärts- in eine Aufwärtsbewegung übergehen, nennt man Tiefpunkte. Punkte, an denen steigende Notierungen in fallende übergehen, nennt man Hochpunkte. Prinzipiell kann ein Markt oder eine Aktie sich auf eine von drei Arten bewegen.

Pendeln die Notierungen eher richtungslos auf und ab, so spricht man nicht von einem Trend. Diese Art der Bewegung nennt man „trendlos" oder auch „Seitwärtsbewegung". Liegt eine Seitwärtsbewegung vor, deren Ober- und Untergrenze sich gut definieren lassen, so kann auch diese Art der Bewegung für die Chartanalyse genutzt werden. Doch dazu später mehr.

Abb. 4.3 - Aufwärtstrend (DAX)

Die zweite Möglichkeit, wohin ein Markt sich bewegen kann, ist nach oben. Wenn ein Markt sich insgesamt nach oben bewegt, dann entstehen ansteigende Tief- und Hochpunkte. Wenn man die ansteigenden Tiefs durch eine Linie miteinander verbindet, dann ist diese Linie der Aufwärtstrend. In Abbildung 4.3 kann man dies am Beispiel des DAX sehen.

Das Gegenteil eines Aufwärtstrends ist der Abwärtstrend. Hier liegen sowohl fallende Hoch- als auch Tiefpunkte vor. Die Verbindung der fallenden Hochs ergibt die Abwärtstrendlinie (vergleiche Abbildung 4.4).

Abb. 4.4 - Abwärtstrend (DAX)

Auf den Trend setzen!

Eine der grundlegenden Annahmen der Charttechnik lautet: Ein Trend neigt dazu, sich fortzusetzen. Das klingt simpel, ist aber wichtig. Wenn man bei einer Aktie einen Aufwärtstrend identifiziert hat, gibt es keinerlei charttechnische Rechtfertigung, auf fallende Kurse bei dieser Aktie zu setzen. Man kann die Aktie für zu teuer halten. Man kann der Meinung sein, dass das Unternehmen über ein inkompetentes Management verfügt. Man kann sich absolut sicher sein, dass der Aufwärtstrend vor seinem Ende steht und fallende Kurse nur noch eine Frage von Tagen sind. Unter charttechnischen Aspekten sind alle diese Argumente bedeutungslos: Solange ein Trend intakt ist, muss der Charttechniker davon ausgehen, dass er sich fortsetzen wird.

Diese Geisteshaltung spiegelt auch das an der Börse geläufige Sprichwort „The trend is your friend" wider. Es rät allen Anlegern, stets in Richtung des vorherrschenden Trends zu spekulieren und nicht schlauer als der Markt sein zu wollen.

Das Konzept von Unterstützung und Widerstand

Unterstützung und Widerstand sind weitere grundlegende Elemente der Charttechnik. Gedanklich geht das Konzept in die gleiche Richtung wie das Trendkonzept: Eine in der Vergangenheit am Markt beobachtete Entwicklung wird mit großer Wahrscheinlichkeit auch in Zukunft wieder so ablaufen (womit wir wieder bei der dritten elementaren Grundannahme wären).

Was sind Unterstützung und Widerstand?

Für den Charttechniker ist eine Unterstützung ein Kursbereich unterhalb der aktuellen Notierung, der mit hoher Wahrscheinlichkeit nicht unterschritten wird. Es ist ein Kursniveau, auf dem die Kurse früher schon öfter nach oben gedreht haben. Eine waagerechte Unterstützung liegt beispielsweise dann vor, wenn mehrere Tiefpunkte des Charts sich auf dem gleichen Kursniveau befinden. Das kann beispielsweise aussehen wie der Chart in Abbildung 4.5.

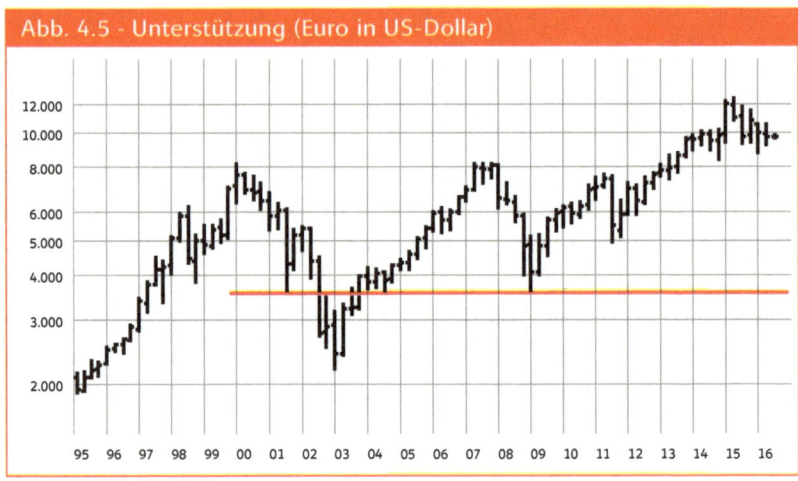

Abb. 4.5 - Unterstützung (Euro in US-Dollar)

Neben einer waagerechten Linie können beispielsweise auch Aufwärtstrendlinien oder bestimmte Formationen als Unterstützung fungieren. Das Gegenteil der Unterstützung ist der Widerstand. Ein Widerstand befindet sich immer oberhalb der aktuellen Notierung. Er ist ein Kursbereich, von dem der Charttechniker glaubt, dass er einen weiteren Anstieg des betrachteten Wertes verhindern wird. Grafisch deutlich wird der Widerstand etwa durch mehrere Hochpunkte, die sich auf ei-

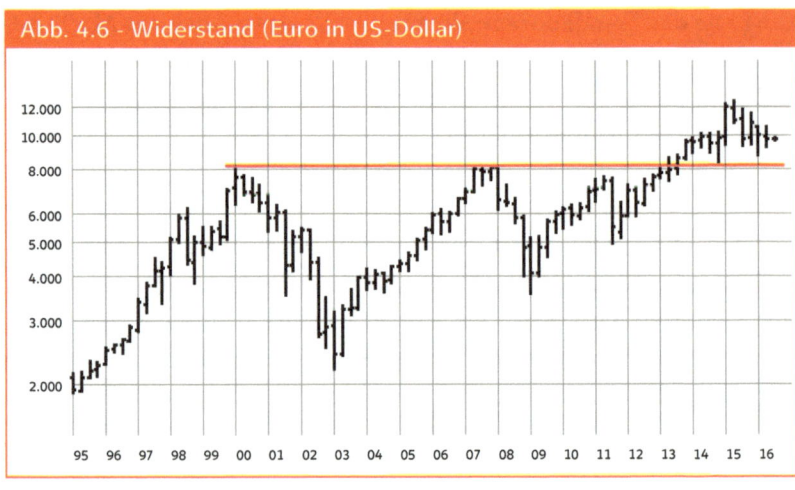

Abb. 4.6 - Widerstand (Euro in US-Dollar)

nem ähnlichen Kursniveau befinden. Hier kann man analog zur Unterstützung von einer waagerechten Widerstandslinie oder -zone sprechen. In Abbildung 4.6 ist ein Widerstand dargestellt, der erst nach vielen Jahren überwunden werden konnte. Nun fungiert er als Unterstützung. Zudem gibt es verschiedene Formationen, die als Widerstand dienen. Ein weiterer, oftmals vorkommender Widerstand ist ein Abwärtstrend.

Die Qualität von Unterstützung und Widerstand

Je öfter eine Marke in der Vergangenheit als Unterstützung oder Widerstand gedient hat, desto stabiler ist sie aus der Sicht des Charttechnikers. Ist eine Aktie beispielsweise bereits einige Male auf 30 Euro gefallen, hat dort aber immer nach oben gedreht, so spricht man bei der 30-Euro-Marke von einer massiven Unterstützung. Technische Analysten gehen davon aus, dass eine Unterstützung, die in der Vergangenheit erfolgreich getestet wurde, auch in Zukunft halten wird. Ein Erklärungsansatz hierfür ist die oben bereits angesprochene Psychologie der Anleger.

 PSYCHOLOGIE II

Im langfristigen Chart des US-Leitindex Dow Jones Industrial Average sieht man sehr schön, wie viel Macht psychologisch wichtige Marken haben können.

Im Frühjahr 1966 versuchte sich der Dow erstmals an der Marke von 1.000 Punkten. Vorangegangen war ein Anstieg um fast 100 Prozent. Im Sommer 1962 hatte der Index sein Tief bei 535 Punkten markiert und seitdem nur die Richtung nach Norden gekannt. Der Ausbruch über die 1.000 Zähler fand jedoch nicht statt. Der Chart prallte ab und die Kurse rauschten daraufhin bis auf einen Indexstand von weniger als 800 Punkten nach unten.

Es folgten noch fünf weitere vergebliche Versuche, die sich über einen Zeitraum von fast 16 Jahren erstreckten.

Erst im Herbst 1982 konnte der Dow Jones endlich die magische 1.000-Punkte-Marke knacken. Was dann folgte, ist Geschichte. Zuerst kam der rasante Anstieg auf mehr als 2.500 Punkte bis hin zum Crash von 1987. Dem schloss sich die scheinbar endlose

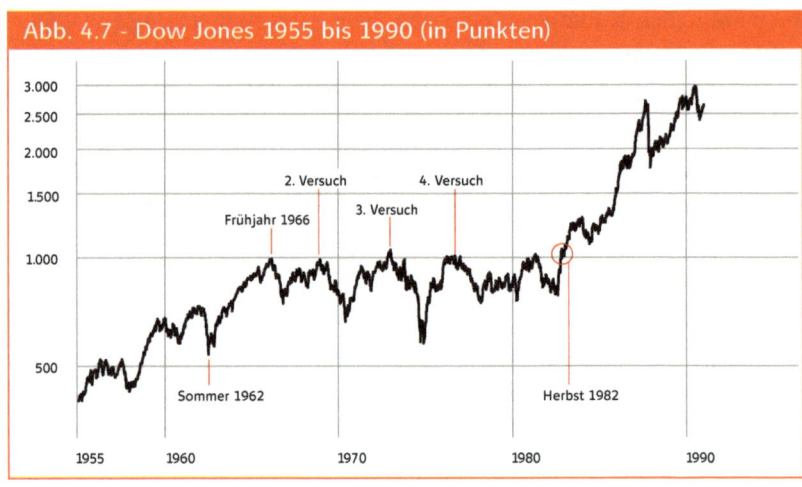

Abb. 4.7 - Dow Jones 1955 bis 1990 (in Punkten)

Frühjahr 1966

2. Versuch

3. Versuch

4. Versuch

Sommer 1962

Herbst 1982

Rallye an, die erst bei mehr als 11.000 Punkten im Jahr 2000 ihr Ende fand. Nachdem der Dow Jones Industrial Average also 16 Jahre gebraucht hatte, um die 1.000 Punkte zu überwinden, konnte er sich in den folgenden 18 Jahren mehr als verzehnfachen.

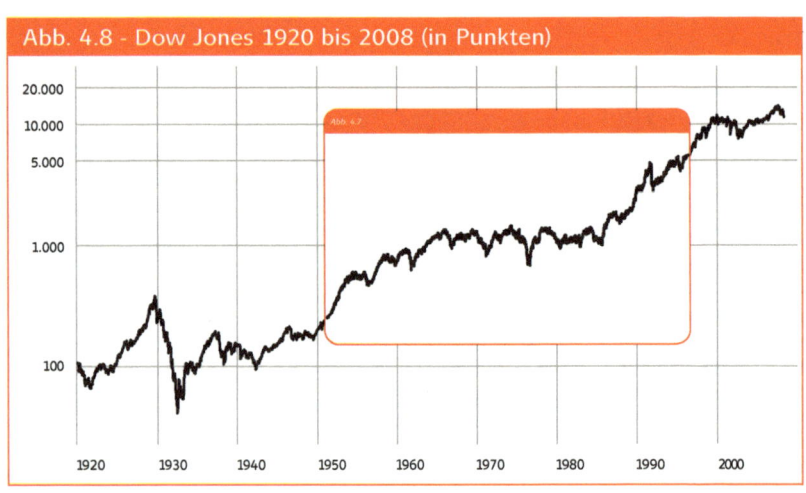

Abb. 4.8 - Dow Jones 1920 bis 2008 (in Punkten)

Gleitende Durchschnitte

Wenn ein Chart die grafische Vereinfachung komplexer Kursabläufe ist, so sind sogenannte gleitende Durchschnitte (GD) die grafische Vereinfachung eines Charts. Es gibt verschiedene gleitende Durchschnitte. Die wichtigsten sind die der letzten 38, 90 und 200 Tage. Gleich vorab: Das liegt nicht daran, dass sie von Natur aus besonders aussagekräftig wären. Es ist wie mit den Charts: Die Mehrzahl der Anleger benutzt sie bei der Chartanalyse und deswegen funktionieren sie.

Aus den verschiedenen Konstellationen von gleitenden Durchschnitten und Aktiencharts erhalten Anleger viele wertvolle Informationen. Dabei haben sie zwei Möglichkeiten: Entweder sie betrachten den Verlauf zweier gleitender Durchschnitte zueinander oder sie analysieren den Chart im Verhältnis zu einem oder mehreren gleitenden Durchschnitten.

BEISPIEL

38-, 90- UND 200-TAGE-LINIE

Gleitende Durchschnitte verdeutlichen den grundsätzlichen Trend eines Charts. Je länger die Periode gewählt wird, desto träger ist der gleitende Durchschnitt.

BERECHNUNG EINES GLEITENDEN DURCHSCHNITTS

Einen gleitenden Durchschnitt der letzten 200 Tage nennt man vereinfacht 200-Tage-Linie oder einfach GD200. Die Berechnung läuft wie folgt: Man addiert die Schlusskurse der letzten 200 Tage und teilt sie durch 200. Das ergibt den Wert der 200-Tage-Linie von heute. Morgen muss der Schlusskurs von heute Abend in die Berechnung mit einbezogen werden. Der älteste Kurs, der dann 201 Tage vergangen ist, fällt dafür weg. Wenn man für jeden Tag den Wert der 200-Tage-Linie ermittelt und diese Punkte verbindet, dann hat man einen gleitenden Durchschnitt. Die 200-Tage-Linie steht für rund 40 Wochen

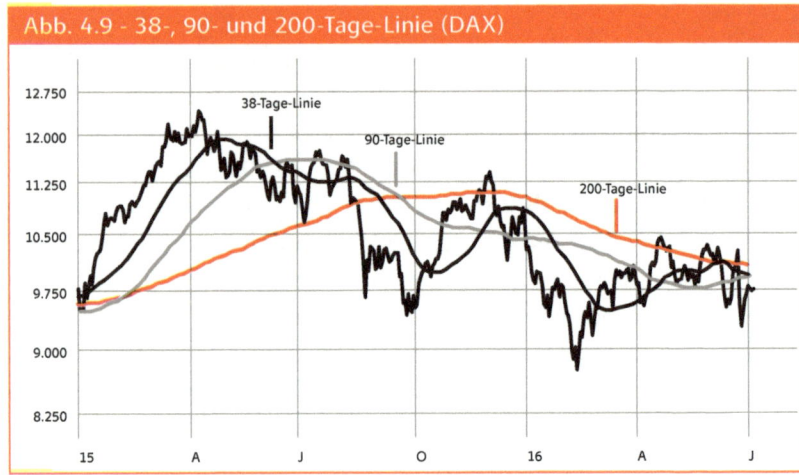

Abb. 4.9 - 38-, 90- und 200-Tage-Linie (DAX)

(fünf Handelstage pro Woche), ist somit recht langfristig orientiert und auch eher schwerfällig. Die 90- beziehungsweise 38-Tage-Linien sind entsprechend eher für mittel- beziehungsweise kurzfristige Signale zuständig.

Zwei gleitende Durchschnitte

Bei zwei gleitenden Durchschnitten wird immer dann ein Signal erzeugt, wenn der eine den anderen schneidet. Dabei ist immer die kürzer laufende Linie der Signalgeber. Wenn beispielsweise die 38-Tage-Linie die 200-Tage-Linie von unten nach oben schneidet, dann ist das ein Kaufsignal. Es weist darauf hin, dass sich die Stimmung für eine Aktie in letzter Zeit deutlich aufgehellt hat. Das funktioniert auch mit den 38- und 90-Tage-Linien oder mit den 90- und 200-Tage-Linien. Die Beobachtung von 38- und 200-Tage-Linie liefert jedoch in der Regel am häufigsten ein Signal, nach dem sich Anleger richten können.

 **TIPP**

Betrachtet man, wie sich zwei gleitende Durchschnitte im Verhältnis zueinander bewegen, dann erhält man Kauf- und Verkaufssignale. Dabei dient der „schnellere" GD als Signalgeber.

Gleitender Durchschnitt und Chartverlauf

Betrachtet man den Verlauf eines gleitenden Durchschnitts und eines Charts, fungiert der GD entweder als Unterstützung oder als Widerstand. Alle Betrachtungsweisen, die für „normale" Unterstützungen und Widerstände gelten, sind auch auf gleitende Durchschnitte anwendbar: Je öfter sie getestet werden, desto zuverlässiger sind sie. Wird der gleitende Durchschnitt durch den Chart gebrochen, entsteht ein starkes Kauf- oder Verkaufssignal.

 **TIPP**

Betrachtet man einen gleitenden Durchschnitt und einen Chart, dann dient der GD als Unterstützung oder als Widerstand. Signale zum Ein- oder Ausstieg entstehen bei einem Bruch des GDs durch den Chart.

Einstieg und Ausstieg

Richtig kaufen

In der Charttechnik gibt es verschiedene Kaufsignale. Diejenigen, die am einfachsten zu ermitteln und gleichzeitig am zuverlässigsten sind, haben mit Trends, Unterstützungen und Widerständen zu tun.

Eine der Grundannahmen der Charttechnik lautet: Ein Trend neigt dazu, sich fortzusetzen. Wird also ein Aufwärtstrend erfolgreich getestet, so liegt ein guter Zeitpunkt zum Einstieg vor. Immer, wenn eine Aktie innerhalb eines Aufwärtstrends auf die Trendlinie zurückkehrt, sollten Anleger die Augen offenhalten und bei erfolgreichem Test zugreifen.

Ähnliches wie für die Trendlinie gilt auch für die Unterstützung: Bewegen sich die Notierungen einer Aktie in Richtung einer Unterstützung, so wird es interessant. Wenn der Chart an der Unterstützung nach oben dreht, kann man eine Position eingehen.

Bei einem Widerstand ist die Situation genau umgekehrt. Klettern die Kurse einem Widerstand entgegen, so wird der Charttechniker mit einem erfolgreichen Test desselben und anschließend fallenden Kursen rechnen. Im Regelfall liegt er damit auch richtig. Gleichzeitig ist jedoch der Ausbruch über einen Widerstand ein sehr starkes Kaufsignal. Gelingt es einer Aktie also, einen Widerstand zu überwinden, so sollte man investieren.

Um diese Situationen zum Einstieg zu nutzen, gibt es verschiedene Möglichkeiten. Entweder man schaut täglich nach den Kursen und reagiert auf die Situation, sobald sie eintritt. Oder man arbeitet mit Limits.

BEISPIEL

KAUFEN MIT LIMITS

Beispiel 1: Die Aktie steht bei 98 Euro, die Kurse fallen. Bei 90 Euro befindet sich eine massive Unterstützung. Wenn Sie glauben, dass diese Unterstützung erfolgreich getestet wird, dann platzieren Sie ein Kauflimit knapp oberhalb dieser Unterstützung, beispielsweise im Bereich von 91 Euro. So etwas nennt man ein „Abstauberlimit".

Beispiel 2: Die Aktie steht bei 98 Euro, die Kurse steigen. Bei 100 Euro befindet sich ein massiver Widerstand. Als Charttechniker müssen Sie davon ausgehen, dass er halten wird, und dürfen aktuell nicht kaufen. Allerdings hat sich die Aktie zuletzt so stark entwickelt, dass Sie auf einen Ausbruch spekulieren möchten. Dann platzieren Sie ein Kauflimit bei 102 Euro. Das Limit versehen Sie mit dem Zusatz „Stop-Buy". Dann wird erst gekauft, wenn die Aktie den Kurs von 102 Euro erreicht. Wenn also der Ausbruch gelingt, sind Sie automatisch mit an Bord.

Richtig verkaufen

Das Verkaufen ist an der Börse beinahe noch wichtiger als das Kaufen. Gewinne hat man erst, nachdem man verkauft hat. Solange sich die Aktie noch im Depot befindet, besteht jeder Cent Gewinn nur auf dem Papier. Doch wann soll man verkaufen? Verkauft man zu früh, verschenkt man möglicherweise viel Geld. Verkauft man zu spät, ergeht es einem auch nicht besser. Prinzipiell gibt es zwei Szenarien, in denen man sich befinden kann: Entweder man ist mit einer Aktie im Gewinn oder man ist mit ihr im Verlust.

Ist man im Gewinn, so steht man vor folgendem Dilemma: Man möchte einerseits das bereits gewonnene Kapital sichern, aber andererseits auch nicht auf mögliche weitere Gewinne verzichten. Steht man im Minus, so muss man entscheiden, ob man den Verlust auf dem aktuellen Niveau begrenzen oder auf einen Anstieg der Kurse setzen möchte.

DER MARKT HAT IMMER RECHT!

Das Wichtigste, das Sie sich als aktiver Anleger vor Augen führen müssen, ist eine simple Tatsache: „Der Markt hat immer recht!" Dieser Satz ist genauso alt wie abgedroschen – und genauso wahr. Sie bekommen heute um viertel vor zwölf für eine Aktie genau so viel, wie Ihnen der Markt zugesteht. Sie bekommen nicht so viel, wie sie Ihrer Meinung nach wert ist, schon gar nicht so viel, wie Sie gerne haben würden: Sie bekommen für Ihre Aktie genau das, was irgendjemand am Markt bereit ist, Ihnen dafür zu geben. Punkt. Der Markt ist kein abstraktes Gebilde. Der Markt ist die Summe aller Anleger. Wenn die Mehrzahl aller Anleger der Meinung ist, eine Aktie ist zu billig, dann wird sie steigen. Denken die meisten Investoren, dass eine Aktie zu hoch bewertet ist, dann werden sie diese verkaufen und der Kurs wird fallen.

Ein sehr wichtiges Werkzeug zum Verkaufen sind Stoppkurse. Sie können Stoppkurse bei steigenden Gewinneraktien immer wieder nach oben anpassen, also nachziehen, um Stück für Stück immer mehr entstandenen Gewinn zu sichern.

Bei fallenden Aktien markiert der Stoppkurs Ihre Schmerzgrenze. Sinken die Kurse weiter, so löst er die Position automatisch auf, bevor der Verlust wirklich wehtut.

BEISPIELE

VERKAUFEN MIT STOPPS

Beispiel 1: Die Aktie steht bei 95 Euro und klettert auf einen massiven Widerstand bei 100 Euro zu. Sie gehen davon aus, dass dieser Widerstand halten wird. Platzieren Sie einen engen Stop-Loss unterhalb des aktuellen Kurses und ziehen Sie ihn jeden Tag nach.

Beispiel 2: Die Aktienkurse fallen. Aktuell steht die Aktie bei 92 Euro. Bei 90 Euro gibt es eine massive Unterstützung. Platzieren Sie einen Stop-Loss knapp unterhalb dieser Marke. Sollte die Unterstützung gebrochen werden, so ist mit weiter fallenden Notierungen zu rechnen. Sie sind dann dank des Stop-Loss nicht mehr dabei.

Wichtige Anmerkung: Wenn die Unterstützung bei 90 Euro liegt, dann hat ein Großteil aller Anleger seinen Stopp bei etwa 89,00 Euro platziert. Kommt der Kurs in diese Gegend, treten die vorliegenden Stop-Loss-Orders eine kleine Lawine los. So etwas wird mitunter von professionellen Spekulanten ausgenutzt. Es macht keinen Sinn, sich so zu platzieren, dass man von dieser Lawine erfasst wird. Im Zweifelsfall platzieren Sie den Stopp lieber ein paar Cent weiter weg.

WARUM STOPPS SINNVOLL SIND

Ein Stopp diszipliniert Anleger und ist deswegen lebenswichtig für das Depot. Nur die wenigsten können mit Recht von sich behaupten, dass sie die Disziplin besitzen, Verlustpositionen konsequent zu verkaufen. Viel lieber schaut man wie gebannt auf den Chart und sieht in jedem Tick nach oben die Trendwende.

Natürlich können Anleger auch ohne Stopps verkaufen. Analog zum Einkauf bietet die Charttechnik einige einfache Anhaltspunkte. Steigt die Aktie einem Widerstand oder dem Abwärtstrend entgegen, so sollte man vorsichtig werden. Unterschreitet ein Papier eine Unterstützung, ist dies ein klares Kaufsignal.

Sie kennen nun die grundlegenden Mechanismen der Aktienbewertung. Sie können volkswirtschaftliche Daten interpretieren, aus Bilanzen die wichtigen Fakten isolieren und anhand des vorliegenden Trends Entscheidungen über Kauf oder Verkauf einer Aktie treffen. Damit haben Sie das grundlegende Rüstzeug fast schon beisammen.

Im nächsten Teil dieses Buchs geht es darum, wie man dieses Grundwissen in die Tat umsetzen kann.

KAPITEL 5

STRATEGIE UND STRATEGEN

Wenn Sie Sport treiben und mitunter vielleicht auch an Wettbewerben teilnehmen, dann wissen Sie eines: Es zählt nicht nur eine ansprechende Form, wenn man gut abschneiden will – es ist für den Erfolg auch die richtige Strategie vonnöten. Und auf diese kommt es auch am Aktienmarkt an.

Strategie

Börsenstrategien – schon lange erfolgreich

Dass Strategien an der Börse von Erfolg gekrönt sein können, ist keine Erkenntnis des 21. Jahrhunderts. So hat die Börsenlegende Benjamin Graham (siehe Seite 169) bereits in den 30er-Jahren des vergangenen Jahrhunderts eine Strategie entwickelt, die auf Dividendenaktien basiert. Sie dürfte eine der bekanntesten Börsenstrategien überhaupt sein und trägt den Namen „Dogs of the Dow" („Hunde des Dow Jones"). Da sie ebenso einfach wie wertorientiert ist, ist sie äußerst populär.

An ihr lässt sich gut erklären, wie eine Strategie an der Börse aussehen kann und wie man sie umsetzt. „Dogs of the Dow" beruht darauf,

auf Dividendenaktien aus dem US-amerikanischen Leitindex Dow Jones zu setzen.

Aktien, denen normalerweise an der Börse nicht so viel Beachtung geschenkt wird – „Dog" steht im amerikanischen Englisch nicht nur für „Hund", sondern in einer anderen Bedeutung auch für eine ungeliebte Sache.

Wer dieser Strategie folgt, kauft zu gleichen Teilen diejenigen zehn Aktien des US-Leitindex Dow Jones, die die höchste Dividendenrendite aufweisen, und hält diese für ein Jahr. Nach einem Jahr passt der Anleger sein Depot dann neu an: Wieder kauft er Aktien nach demselben Prinzip – er wählt die aus, die die höchste Dividendenrendite zu bieten haben.

Backtests, also Rückbetrachtungen der Entwicklung von Kursen, haben ergeben, dass man mit der „Dogs of the Dow"-Strategie den Dow Jones über die vergangenen Jahrzehnte in Sachen Wertentwicklung geschlagen hätte.

Der Erfolg dieser Strategie hat mehrere Ursachen. Zum einen stammt der Wertzuwachs aus den Dividendenzuflüssen. Zum anderen erhöht sich in sich seitwärts bewegenden Märkten der Beitrag der Dividenden zum Gesamtergebnis der Aktienanlage. Und was auch nicht zu unterschätzen ist: Da es vor allem Qualitätsaktien großer Konzerne sind, die Dividenden ausschütten, ist ihr Verlustpotenzial begrenzt.

Man kann diese Strategie im Übrigen auch auf den deutschen Index DAX anwenden. Auch hier haben Backtests ergeben, dass ein nach dieser Strategie geführtes Depot den DAX in der Vergangenheit geschlagen hätte.

An dieser Stelle aber auch eine Warnung und auch hier ist „Dogs of the Dow" ein gutes Beispiel: Nicht jede im Durchschnitt erfolgreiche Strategie ist immer gewinnbringend. So hat „Dogs of the Dow" Anlegern in den letzten Monaten des Jahres 2007 und den ersten Monaten des Jahres 2008 nicht viel Erfolg gebracht. Denn wer sich in der Zeit davor nach den Aktien mit den höchsten Dividendenrenditen umgeschaut hatte, hat sich höchstwahrscheinlich eine Menge an Finanztiteln ins Depot geholt – und von denen sind bekanntlich nicht wenige im Zuge der weltweiten Finanzkrise abgestürzt.

Dividenden sind out? Von wegen. Gewinne kommen ja auch nie aus der Mode. Und auch wenn Dividendenstrategien keine Allzweckwaffe für jeden Markt sind – über die vergangenen Jahrzehnte gesehen hätte etwa die „Dogs of the Dow"-Strategie den Dow Jones deutlich geschlagen. Aber merken Sie sich: Auch jede noch so gute Strategie hat ihre Schwächen.

Die Strategie für den Alltag

Nun sollten Sie als Börsenneuling aber nicht denken, dass Sie nur mit einer ausgetüftelten Strategie erfolgreich sein können, die Sie tagelang im stillen Kämmerlein entwickelt haben und für die Unmengen von Daten, Kursverläufen und anderen Informationen nötig sind. Nein, Sie müssen eigentlich bei der Bestückung und der weiteren Verwaltung Ihres Depots nur zehn verhältnismäßig einfache Regeln befolgen, um Erfolg am Aktienmarkt zu haben. Wir zählen diese Top 10 der Börsenregeln auf.

Regel 1: Streuen Sie das Risiko!

Das Anlegerdasein beginnt für Sie erst richtig, wenn Sie Ihr Depot mit Aktien bestücken. Und dabei ist vor allem eines wichtig, was man in der Börsianersprache Risikostreuung oder Portfoliodiversifikation nennt. Gemeint ist mit beiden Ausdrücken dasselbe: eine Verteilung Ihres Kapitals auf verschiedene Investments. Setzen Sie Ihr Geld auf verschiedene Aktien, auf Papiere aus verschiedenen Ländern und aus verschiedenen Branchen. Sie können sich das Thema Risikostreuung mit einem Börsianersprichwort merken: „Legen Sie nie alle Eier in einen Korb!" Denn es ist ja klar: Wenn der eine Korb umfällt, sind alle Eier kaputt. Verteilen Sie Ihre „Eier", also Ihr Geld, auf verschiedene „Körbe": verschiedene Aktien, Branchen und Länder.

Die Nachteile eines zu einseitigen Investierens liegen auf der Hand: Würden Sie all Ihr Kapital in die Aktien nur eines Unternehmens investieren, würden Sie zwar im Optimalfall, dass diese eine Aktie überdurchschnittlich – etwa um zehn Prozent – steigen würde, mit Ihrem ganzen Depot auf einen Schlag ein Plus von zehn Prozent machen. Im

Fall eines Kurssturzes dieser Aktie in Höhe von zehn Prozent aber würde auch Ihr Gesamtdepot um zehn Prozent nachgeben. Gleiches gilt auch für Länder: Wenn Sie etwa Ihr ganzes Geld in philippinischen Aktien anlegen, müssen Sie in dem Fall, dass es in dem asiatischen Staat einmal politische Unruhen oder andere Unwägbarkeiten gibt, die sich an der Börse niederschlagen, unter Umständen mit Ihrem gesamten Depot einen herben Verlust verkraften. Branchen sind ebenso wenig davor gefeit: Wenn es in einem nervösen Gesamtmarkt einen negativen Kommentar eines Analysten etwa zum Solarsektor gibt, zieht es die Branche mit einem Schwung nach unten – wenn Sie Ihr Portfolio dann voll gepackt mit Solar-Aktien haben, wird dessen Wert ebenfalls einbrechen.

 TIPP

Legen Sie nie alle Eier in einen Korb – aber behalten Sie den Überblick: Es gibt keine Faustregel, wie viele verschiedene Werte in Ihr Portfolio gehören. Sie sollten so viele Aktien haben, dass eine gewisse Risikostreuung gegeben ist, aber nicht so viele, dass Sie die Entwicklung einiger dieser Aktien aus den Augen verlieren.

Wenn Sie jetzt wissen wollen, wie viele verschiedene Aktien Sie als Börseneinsteiger in Ihr Portfolio aufnehmen sollen oder können, kann man Ihnen zwar nicht pauschal antworten – es gibt Portfolios, die bestehen aus vier Aktien und laufen gut, und es gibt Portfolios, beispielsweise Fonds, die bestehen aus weit mehr als 100 Aktien und laufen ebenfalls gut. Hier sei Ihnen aber der Rat des Deutschen Aktieninstituts (DAI) ans Herz gelegt: Das DAI empfiehlt dem Privatanleger ein Depot von acht bis zehn verschiedenen Werten. Grundsätzlich ist wichtig, dass Sie als Anleger den Überblick über Ihr Portfolio behalten. Denn was Sie nicht im Blick haben, können Sie auch nicht pflegen.

Regel 2: Setzen Sie nur ein, was Sie entbehren können – und auf keinen Fall mehr, als Sie haben!

Sie haben nun bereits einige Aktien herausgesucht, mit denen Sie Ihr Depot bestücken wollen, und fragen sich nun, wie viel an Kapital Sie einsetzen wollen. Grundsätzlich gilt: Investieren Sie nur das Geld in den Aktienmarkt, auf das Sie kurzfristig auch verzichten könnten. Denn Aktien sind zwar auf lange Sicht das beste Investment. Aber eben auf lange Sicht – es gibt auch einmal längere Phasen, in denen der Aktienmarkt schwächelt. In diesen sollten Sie trotzdem ruhig schlafen können.

Dementsprechend gibt es aber natürlich auch Phasen, in denen der Aktienmarkt gar nicht mehr zu steigen aufhören will und Sie sich vielleicht fragen: „Warum sollte ich nicht alles einsetzen, was möglich ist?" Oder Sie kommen auf die Idee: „Warum sollte ich Omas Erspartes nicht in den Aktienmarkt investieren, wo er gerade so gut läuft? Die braucht das Geld doch gerade eh nicht." Womöglich denken Sie sich sogar: „Mensch, ich könnte doch einen Kredit aufnehmen. Die prozentualen Kursgewinne an der Börse sind höher als der Zinssatz eines Kredits." Spätestens dann sollten Sie aber zur Vernunft kommen. Es ist zwar in der Theorie eine clevere Idee, in einen steigenden Aktienmarkt viel Geld zu investieren. Aber es besteht auch immer die Gefahr, dass dieser Markt wieder nachgibt. Dann hat man unter Umständen das Problem, dass das eigene Depot an Wert verliert und man kein Geld hat, den Kredit zurückzubezahlen. Dass man nichts zurückzahlen kann, weil die Börse nicht läuft, mag die Großmutter dann zwar unter Umständen noch akzeptieren, die Bank tut es aber definitiv nicht. Schon können Sie auf einem kleinen, wenn nicht sogar einem großen Schuldenberg sitzen. Und um Schulden zu machen, müssen Sie wirklich nicht an die Börse gehen.

 Aktien auf Pump zu kaufen ist eine schlechte Idee. Die Entwicklung an der Börse ist selbst in einem möglicherweise fundamental soliden Marktumfeld nicht kalkulierbar. Schnell können Sie verschuldet sein. Und das ist ja nicht der Sinn Ihres Aktienengagements.

Regel 3: Setzen Sie auf Trendbranchen!

Nachdem Sie nun geklärt haben, wie Ihr Depot aufgebaut sein soll und wie viel Geld Sie zur Verfügung haben, wollen Sie natürlich wissen, in welche Aktien Sie investieren sollen. Es gibt da zwar die unterschiedlichsten Ansätze. Aber womit letztendlich jeder Anleger – ob eher konservativ oder eher spekulativ eingestellt – immer richtigliegt, sind Papiere aus künftigen Trendbranchen: Schauen Sie sich nach Aktien von Unternehmen um, denen es voraussichtlich künftig unter mittel- oder langfristigen Aspekten gut gehen dürfte. Denn es sind ja vor allem die guten Aussichten, die an der Börse für steigende Aktienkurse sorgen.

Dabei gibt es verschiedene Herangehensweisen. Die naheliegendste: Augen und Ohren offen zu halten. Wenn Ihnen beispielsweise beim Einkaufsbummel auf der Straße auffällt, dass mit einem Mal viele Leute mit einem Tretroller unterwegs sind, sollten Sie sich überlegen, welche Firma diese Roller herstellt. Wenn dieses Unternehmen dann auch noch an der Börse notiert ist, sind Sie auf der Suche nach einem vielversprechenden Unternehmen aus einer Trendbranche schon ein Stück weiter. Und wenn dann noch sowohl Fundamentaldaten als auch die charttechnische Verfassung stimmen, spricht alles für ein Investment.

Solche Trends lassen sich auf der Straße, in der Zeitung, im Fernsehen und im Internet auftun. Wer etwa vor einigen Jahren die Zeitungen genau studiert hat, wird mitbekommen haben, dass Solarenergie fast mit einem Schlag bei der Stromerzeugung als eine der wichtigsten Alternativen zu fossilen Brennstoffen gehandelt wurde. Wer daraufhin Solar-Aktien in sein Depot genommen hat, hat in eine – aus damaliger Sicht – künftige Trendbranche investiert und zumindest zeitweise überdurchschnittliche Kursgewinne erzielt. Dieses Beispiel ist auf viele andere Branchen übertragbar.

 An der Börse wird bekanntlich die Zukunft gehandelt. Und dementsprechend gut sind die Kurschancen von Aktien aus künftigen Trendbranchen. Um diese zu erkennen, sollten Sie die Augen offenhalten und sich stets gut über allgemeine Entwicklungen informieren.

Regel 4: Nehmen Sie sich Zeit für Ihr Depot und Ihre Investments!

Wenn Sie ein Depot unterhalten, sollten Sie generell vor allem sorgfältig sein. Das fängt schon beim Kauf von Aktien an. Viele Anleger gehen bei der Auswahl ihrer künftigen Depotwerte schlampig vor. Das kennen Sie vielleicht: Während Sie sich vor dem Kauf eines Fernsehers, der vielleicht 500 Euro kostet, wochenlang mit diesem Thema beschäftigen, einen Elektroladen nach dem anderen abklappern und eine Internetseite nach der anderen aufrufen, um das beste Gerät zum günstigsten Preis zu bekommen, kaufen Sie Aktien für mehrere Tausend Euro, ohne sich genau darüber informiert zu haben, was das Unternehmen überhaupt genau macht, in das Sie investieren wollen, und wie dessen Aktie am Markt bewertet wird. Ein großer Fehler.

Bevor Sie eine Aktie kaufen, sollten Sie schon genau wissen, was das jeweilige Unternehmen anbietet und wie dessen Branchenumfeld aussieht. Nur so können Sie zumindest ansatzweise etwas über die Aussichten der Aktie sagen. Dann sollten Sie sich als Nächstes die Bewertung anschauen: Ist die Aktie an der Börse günstig bewertet oder eher teuer? Und warum ist das so? Erst wenn Sie sich ein genaues Bild gemacht haben, sollten Sie die Entscheidung fällen, ob ein Investment sinnvoll ist oder nicht.

Gleiches gilt übrigens auch für die Zeit nach dem Kauf der Aktien. Wenn Sie ein Depot unterhalten, sollten Sie es auch pflegen. Sie sollten regelmäßig die Kursentwicklung und die Nachrichtenlage der Aktien in Ihrem Portfolio überprüfen. Und stimmen beide Sie negativ, sollten Sie rechtzeitig reagieren und sich von den Papieren trennen.

 Um ein Depot sinnvoll und erfolgreich zu unterhalten, müssen Sie es pflegen. Regelmäßige Kontrolle der Kursentwicklung und der Nachrichtenlage der jeweiligen Aktien gehören unbedingt dazu.

Regel 5: Lassen Sie die Gewinne laufen...

Wenn Sie erst einmal entschieden haben, wie Ihr Depot aufgebaut ist, und Sie die ersten Aktien gekauft haben, folgt schon das nächste Problem:

die Frage, wann der Zeitpunkt gekommen ist, sich von einem Investment zu trennen. In einem Punkt kann man Sie trösten: Mit diesem Problem stehen Sie nicht allein da, auch vermeintlich alte Hasen verpassen den richtigen Ausstieg oder verkaufen ihre Aktien schlichtweg zu früh. Vor allem Letzteres kann ärgerlich sein. Es liegt nämlich erstaunlicherweise in der Natur des Börsianers, einer verpassten Chance eher nachzuweinen als einen erlittenen Verlust zu beklagen.

Generell sollten Sie sich merken: Es ist wichtig, Gewinne laufen zu lassen, also Aktien, die immer weiter steigen, zu halten, statt zu verkaufen. Natürlich verspüren Sie einen großen Reiz, einen Gewinn zu realisieren, damit Sie die Wertentwicklung, die die entsprechende Aktie bereits erzielt hat, auch am eigenen Depot spüren können. Zudem denken Sie immer, dass diese Aktie auch irgendwann mal fallen muss. Bedenken sollten Sie aber eines: Die Gewinne, die Sie in guten Börsenphasen machen – ob diese Phase jetzt den Gesamtmarkt betrifft oder lediglich den Kursverlauf der Einzelaktie –, müssen die Verluste ausgleichen, die Sie in schlechten Börsenphasen hinnehmen müssen. Und Verluste sind nicht einfach aufzuholen, wie unten stehende Tabelle des Missverhältnisses zwischen Kursverlust und wieder zu erbringendem Kursgewinn beweist.

Es gibt also gute Gründe dafür, als Anleger nie Papiere zu veräußern, deren Kursverlauf sich in einem Aufwärtstrend befindet. An der

Schwieriger Verlustausgleich	
Entstandener Kapitalverlust	Notwendiger Kursgewinn
5 %	5 %
10 %	11 %
15 %	18 %
20 %	25 %
25 %	33 %
30 %	43 %
50 %	100 %
75 %	300 %
90%	900%

Börse gilt nämlich – das haben empirische Erhebungen ergeben –, dass die Wahrscheinlichkeit, dass ein Trend anhält, größer ist als die Wahrscheinlichkeit, dass er endet.

Um den Gewinn trotzdem zu sichern, ohne aber die Aktie direkt verkaufen zu müssen, sollten Sie mit automatischen Stoppkursen arbeiten. Aber zu diesem Thema kommen wir später noch mit Regel 7.

 Die Gewinne laufen zu lassen ist für Sie als Anleger vor allem deshalb wichtig, weil Sie mit den Gewinnen, die Sie in guten Börsenphasen machen, Verluste, die in schlechten Börsenphasen fast schon zwangsläufig auftreten werden, wettmachen müssen.

Regel 6: ...und halten Sie die Verluste in Grenzen!
Natürlich gehen Sie mit Ihrem Geld nicht an die Börse, um es dort zu verlieren. Dennoch kann man gar nicht oft genug sagen, dass eine der obersten Prämissen des Anlegers ist, die Verluste in möglichst engen Grenzen zu halten.

Börsenlegende Warren Buffett soll einmal gesagt haben, dass es nur zwei Regeln für die Geldanlage gebe. Zum ersten, dass man nie Geld verlieren, zum zweiten, dass man diese erste Regel nie vergessen sollte. Was Buffett da auf so launige Art gesagt hat, hat einen ernst zu nehmenden Hintergrund: Große Verluste, die Sie einmal an der Börse gemacht haben, können Sie nur sehr schwer wieder aufholen, wie bereits die Tabelle auf der linken Seite zeigt.

Aber haben Sie schon einmal darüber nachgedacht, warum Sie wie viele andere Anleger solche Probleme mit dem Verkauf einer Position haben, die gegenüber dem Kurs, zu dem Sie sie erworben haben, im Minus notiert? Nun, Sie und alle anderen Anleger sind auch nur Menschen und Menschen haben in der Regel eine große Schwäche: Sie können sich nur schwer eigene Fehler eingestehen. Aus diesem Grund warten sie lieber darauf, dass die Aktie wieder ins Plus läuft – und wenn es bis zum Sankt-Nimmerleins-Tag dauert. Doch das ist falsch! Trennen Sie sich von einer Aktie, wenn der Zeitpunkt dazu gekommen ist. Und falls Sie sich die Bestimmung dieses Zeitpunkts nicht zutrauen, arbeiten Sie mit einem Trick: dem Einsatz eines Stoppkurses.

Regel 7: Arbeiten Sie mit Stoppkursen!

Wenn Sie sich die Bestimmung des Zeitpunkts für den Verkauf einer Aktie nicht zutrauen, kann Ihnen geholfen werden. Und zwar durch den Einsatz eines zur Risikobegrenzung verwendeten Instruments, das jegliche Emotion außer Acht lässt: des Stoppkurses, im Neudeutschen auch Stop-Loss-Order genannt. Einen solchen Stoppkurs können Sie bei Ihrem Broker aufgeben, um dafür zu sorgen, dass eine Aktie, die Sie im Depot haben, automatisch verkauft wird, sobald ihr Kurs eine bestimmte Marke unterschreitet. Dieser Automatismus ist praktisch, wenn Sie beispielsweise die Entwicklung einer Aktie nicht ständig verfolgen können oder wollen, sich aber trotzdem vor übergroßen Kursverlusten mit diesem Papier schützen wollen. Oder aber wenn Sie sich bei der Entscheidung, ob Sie eine Aktie halten oder verkaufen sollen, nicht von Emotionen leiten lassen wollen.

Wenn eine Aktie, in die Sie investiert sind, beispielsweise aktuell bei 100 Euro notiert und Sie einen Verlust von mehr als 20 Prozent mit diesem Wert verhindern wollen, sollten Sie bei Ihrem Broker einen Stoppkurs von 80 Euro in Auftrag geben.

Der Stoppkurs ist unter den Börsianern umstritten. Einige Kritiker führen an, dass ein enger Stoppkurs bei volatilen, also sehr schwankungsintensiven Werten, zu einem Verkauf führen kann, obwohl sich die Notierung in einem übergeordneten mittel- bis langfristigen Aufwärtstrend befindet. Man veräußert dann eine an sich aussichtsreiche Aktie, die möglicherweise nach dem Verkauf wieder zu steigen beginnt.

Zudem gibt es einige findige Börsianer, die etwa in Börsenmagazinen empfohlene Stoppkurse für sich nutzen: Sie drücken mit ihren Orders den Kurs einer empfohlenen Aktie, bis die Stoppkurse vieler Anleger, die der Empfehlung gefolgt sind, ausgelöst werden und sie die Aktien zu einem verhältnismäßig günstigen Preis einsammeln können. Es empfiehlt sich daher immer, den eigenen Stoppkurs ein Stück unter dem empfohlenen zu platzieren, damit man nicht unnötig „ausgestoppt" wird.

Ein Stoppkurs dient auch nur begrenzt als Schutz vor Kursverlusten. Gibt etwa ein Unternehmen außerhalb der Handelszeiten der Börse eine Nachricht heraus, die die Börsianer aus Unternehmenssicht als

Katastrophe bewerten, kann es schon einmal sein, dass die Aktie des Unternehmens am nächsten Tag zu einem sehr tiefen Kurs in den Handel geht, der deutlich unter dem Stoppkurs liegt. Dann wird die Stop-Loss-Order zu diesem nächsten Kurs ausgeführt. Der Verlust ist dann wesentlich größer, als Sie sich das eigentlich beim Einsatz des Stoppkurses vorgestellt hatten.

Viele Anleger scheuen sich davor, einen Stoppkurs tatsächlich zu setzen. Sie wollen je nach Marktlage entscheiden, ob sie einen Wert veräußern oder nicht, falls dieser eine bestimmte Marke unterschritten hat. Man spricht dabei auch von einem „mentalen Stoppkurs". Das hat tatsächlich den Vorteil, dass man es auch von der Situation des Marktumfelds abhängig machen kann, ob man eine Aktie verkauft. Es hat aber auf der anderen Seite den Nachteil, dass man sich unter Umständen auch vom Markt blenden lässt, den Wert nicht aus dem Depot nimmt und die Verluste anschließend noch größer werden.

Man sieht: Stoppkurse haben Vor- und Nachteile. Dennoch sollte gerade bei Ihnen als Börseneinsteiger der Sicherheitsaspekt unter kurz- und mittelfristigen Gesichtspunkten im Vordergrund stehen. Sinnvoll ist ein Stoppkurs, der 15 bis 25 Prozent unter dem aktuellen Aktienkurs liegt, Sie sollten dabei aber auch die Technische Analyse, also etwaige Unterstützungen, berücksichtigen. Ein Stopp ist möglichst knapp

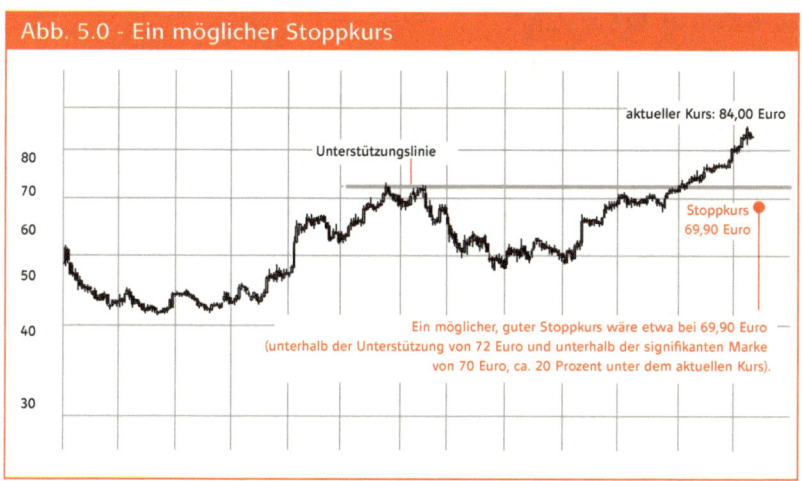

Abb. 5.0 - Ein möglicher Stoppkurs

aktueller Kurs: 84,00 Euro

Unterstützungslinie

Stoppkurs
69,90 Euro

Ein möglicher, guter Stoppkurs wäre etwa bei 69,90 Euro (unterhalb der Unterstützung von 72 Euro und unterhalb der signifikanten Marke von 70 Euro, ca. 20 Prozent unter dem aktuellen Kurs).

unterhalb einer Unterstützung zu platzieren. Ist diese Unterstützung eine signifikante Marke, befindet sie sich etwa bei 100 Euro, sollten Sie Ihren Stopp noch einen Tick darunter platzieren, beispielsweise bei 96,00 Euro.

 Stoppkurse sind für Börseneinsteiger ein Muss. Setzen Sie den Stoppkurs je nach Schwankungsbreite des Wertpapiers in der Regel 15 bis 25 Prozent unter dem aktuellen Aktienkurs, möglichst unterhalb einer charttechnischen Unterstützung.

Regel 8: Setzen Sie auf charttechnische Trends!

Wie schon bei der Regel „Lassen Sie die Gewinne laufen" erwähnt, ist an der Börse die Wahrscheinlichkeit, dass ein charttechnischer Trend anhält, größer als die Wahrscheinlichkeit, dass er endet. Das heißt nichts anderes, als dass eine Aktie, die bereits deutlich gestiegen ist, in den meisten Fällen weiter steigt und eine Aktie, die bereits deutlich gefallen ist, in den meisten Fällen weiter fällt.

Diesen statistisch erwiesenen Umstand machen sich etwa die Entwickler ausgetüftelter Anlagestrategien zunutze. Anhand des Prinzips der sogenannten Relativen Stärke entwickeln sie Formeln, aus denen sie wiederum Konzepte für Zertifikate oder Fonds entwerfen, die Aktien aufnehmen, die eine gewisse Dynamik im Kursverlauf haben. Und sie haben oft Erfolg damit.

Für Sie als normaler Privatanleger mit Ihren in der Regel begrenzten technischen Mitteln sind solche Formeln schwer nachzuahmen. Mithilfe einer Faustregel können Sie sich das Prinzip, das solchen Strategien zugrunde liegt, trotzdem zunutze machen und auf Ihr Depot anwenden: Kaufen Sie steigende Aktien und verkaufen Sie fallende Aktien. Selbstverständlich werden Sie mit dieser Strategie auch einmal eine Aktie kaufen, die – obwohl sie tage- oder wochenlang gestiegen ist – nach der Depotaufnahme fällt. Und womöglich werden Sie auch des Öfteren einmal eine seit Monaten fallende Aktie aus Ihrem Depot verkaufen, die kurze Zeit später eine wahre Erholungsrallye hinlegt. Dennoch – in der Regel haben Sie mit dieser Strategie Erfolg und deshalb sollten Sie sie im Sinne Ihres Depots in jedem Fall berücksichtigen.

Eine Aktie, die bereits deutlich gestiegen ist, steigt in den meisten Fällen weiter; eine Aktie, die bereits deutlich gefallen ist, fällt in den meisten Fällen weiter. Machen Sie sich diesen Umstand zunutze: Kaufen Sie Aktien, die steigen, und trennen Sie sich von Aktien, die fallen.

Regel 9: Lassen Sie Emotionen aus dem Spiel!

An der Börse werden viele Fehler gemacht. Es ist ja auch klar – wenn keiner Fehler beginge und alle stattdessen alles richtig machen würden, verlöre keiner Geld. Und wo wäre dann das Geld zu gewinnen? So hat der eigentlich witzig gemeinte Spruch „Dein Geld ist nicht weg, es hat jetzt nur ein anderer" also einen reellen Hintergrund. Nun sollten Sie als Börsianer trotzdem bemüht sein, so wenige Fehler wie möglich zu machen. Immerhin ist es ja Ihr Geld, das im Falle eines Fehlverhaltens weg ist.

Einer der häufigsten Fehler von Anlegern ist ihre fehlende Disziplin. Doch gerade die brauchen Sie. Denn mit Disziplin können Sie emotionalen Entscheidungen aus dem Weg gehen, die an der Börse bekanntlich ein schlechter Ratgeber sind. So sollten Sie beispielsweise vermeiden, eine emotionale Bindung zu einer Aktie aufzubauen, sich in dieses Papier zu verlieben. Viele Börsianer haben Lieblingsaktien – aus welchen Gründen auch immer –, die sie partout nicht verkaufen wollen. Möglicherweise weil ihnen dieser Wert vor langer Zeit einmal einen kleinen Kursgewinn eingebracht hat. Solche emotionalen Aspekte müssen Sie aus Ihrem Depot fernhalten. Verkaufen Sie eine Aktie, wenn sie unter fundamentalen und/oder charttechnischen Gesichtspunkten nicht mehr haltenswert erscheint.

Zudem sollten Sie den Kaufkurs Ihrer Aktie vergessen, also den Kurs zu dem Zeitpunkt, zu dem Sie diese Aktie erstanden haben. Wenn ein Wert ins Minus rutscht und Sie nur deshalb nicht verkaufen, damit Sie keine negative Wertentwicklung mit diesem Papier erzielen, machen Sie einen großen Fehler. Denn der Markt bewertet besagte Aktie entweder nach Fundamentaldaten oder der Technischen Analyse oder nach gänzlich eigenen Maßstäben und nicht danach, dass einer von Millionen Anlegern, der Sie nun einmal sind, den Wert zum Kurs von X Euro gekauft hat. Und der Markt bestimmt letztendlich, ob diese Aktie steigt oder fällt. Sind Sie also nach der objektiven Bewertung der Aktie zu dem Urteil gekommen, die Aktie sei zu verkaufen, sollten Sie das tun, egal, wann und zu welchem Kurs Sie die Aktie zuvor gekauft haben.

Wie sehr Emotionen das Verhalten eines Marktteilnehmers beeinflussen und mitunter zu falschen Entscheidungen führen können, zeigt die Grafik zum „typischen Investor". Die Gedanken und Stimmungsschwankungen des Anlegers in den verschiedenen Marktphasen werden hier gut eingefangen.

 Emotionen haben an der Börse nichts zu suchen. Sie sollten eine Aktie grundsätzlich immer nach objektiven Kriterien beurteilen und dann entscheiden, ob Sie dieses Papier kaufen, halten oder verkaufen.

Der typische Investor

2 Der Trend hält – bei der nächsten Konsolidierung werde ich kaufen!

4 Gott sei Dank hab' ich nicht gewartet!

5 Ich werd' diese Korrektur nutzen – meine Position ausbauen ...

19 Was soll's! Ich kaufe wieder, es ist ohnehin billiger als beim letzten Mal.

3 Verdammt! Ich hab' die Konsolidierung verpasst, aber wenn ich noch länger warte, profitiere ich nicht vom Trend. KAUFEN!

6 Super! Zu diesem Preis verdopple ich meine Position!

18 Ich wusste die ganze Zeit, dass das passieren würde.

1 Ah, der Kurs steigt; mal den Markt beobachten.

7 Mist! Sobald es wieder nach oben geht, verkaufe ich!

17 Noch mehr Lemminge, die in ihr Verderben rennen!

9 O. k., warten wir auf die Gegenbewegung – sonst wird das ein wirklich langfristiges Investment.

8 Ich kann's kaum glauben! Der Kurs hat sich halbiert! Das muss der absolute Tiefststand sein!

16 Was zum Teufel soll das?

10 Warum sagt die Wertpapierbehörde nichts dazu?

13 Es wird trotzdem abstürzen.

15 Was zum ...

11 Genug ist genug! Ich verkaufe und rühr' keine Aktie mehr an!

14 Was hab' ich gesagt.

12 Zum Glück hab' ich alles verkauft!

Regel 10: Seien Sie eigenverantwortlich!
Natürlich gibt es nicht gerade wenige Anleger, die Aktien vor allem nach der Empfehlung von Bekannten oder Freunden kaufen. Es ist ja klar, Sie holen sich ja auch lieber einen Rasenmäher, von dessen Fähigkeiten ein Bekannter schon einmal geschwärmt hat, als ein anderes Modell, von dem Sie noch nie etwas gehört haben. Nun ist die Börse aber kein Baumarkt. Und Mundpropaganda am Aktienmarkt kein Erfolgsmodell. Auch wenn ein Bekannter mit einem bestimmten Aktieninvestment einmal viel Erfolg und vielleicht eine überdurchschnittliche Wertentwicklung erzielt hat und davon auch mit einem gewissen Stolz berichtet, heißt das noch lange nicht, dass er damit auch weiterhin erfolgreich sein muss. Nicht umsonst heißt es im Kleingedruckten auf Werbeanzeigen von Investmentgesellschaften zu ihren Fonds, dass eine in der Vergangenheit erzielte Wertentwicklung keine Garantie für die zukünftige Performance ist. Und so ist es mit jedem Investment am Aktienmarkt. Es ist Fakt: Kein Freund der Welt kann genau sagen, was am Markt passieren wird.

 TIPP

Vorsicht bei Aktientipps von Freunden: Sie können sich zum einen nicht sicher sein, ob dessen Informationen gut sind, und riskieren zum anderen Ihre Freundschaft. Denn bei einem möglichen Verlust hört die Freundschaft auf. Alles, was Sie am Aktienmarkt tun, tun Sie auf eigene Verantwortung.

Es kommt aber noch ein anderer Punkt hinzu, der die „Strategie", nach den Ratschlägen eines Freundes zu investieren, sehr fragwürdig macht: die zwischenmenschliche Komponente. Denn wer in Aktien nur dann investiert, wenn ihm ein guter Freund dazu rät, hat ein nicht unerhebliches Problem: Wenn dieser gute Freund nicht richtigliegt, ist das Geld weg. Im besten Fall sind das nur ein paar Euro. Im schlimmsten Fall sind das aber ein paar Euro mehr. Und dann hat man höchstwahrscheinlich auch einen guten Freund weniger. Denn bei Geld – vor allem bei verlorenem – hört ja bekanntlich die allerbeste Freundschaft auf. Denken Sie also daran: Für alles, was Sie an der Börse tun, sind auch Sie verantwortlich, denn es ist ja schließlich Ihr Geld, das Sie in Ihrem Depot haben. Wer die zehn Regeln von „Crashkurs Börse" befolgt, ist dem Erfolg an der Börse schon ein gehöriges Stück näher gekommen – auch wenn er dann noch lange nicht den Status einer Börsenlegende hat wie die größten Investoren aller Zeiten, die wir im folgenden Abschnitt vorstellen.

Strategen

Sie haben an der Börse ein Vermögen gemacht – und es im Anschluss wieder verloren. Sie haben Theorien aufgestellt, die auch heute noch als Maxime für erfolgreiche Trader gelten. Sie haben Spekulationen gewagt, die bis heute legendär sind. Kurzum: Wie kaum ein anderer Lebensbereich hat die Börse schillernde Persönlichkeiten hervorgebracht, die dem Treiben auf dem Parkett über Jahrzehnte ihren Stempel aufgedrückt haben und es teilweise auch heute noch tun. Gerade als Börsenneuling kann es sinnvoll sein, diese Börsenlegenden und ihr Verhalten genauer zu studieren. Zum einen kann es Inspiration für das eigene Handeln an den Märkten sein. Zum anderen bieten die reichhaltigen Erfahrungen der Börsenstars die Chance, so manchen Fehler, den die alten Hasen in ihren langen Karrieren gemacht haben, selbst zu vermeiden. Wir skizzieren die Lebensläufe einiger der wichtigsten Börsianer der letzten 100 Jahre, die Sie in jedem Fall kennen sollten.

Jesse Livermore – der große Bär der Wall Street

Jesse Livermore gilt bis heute als eine der schillerndsten Figuren, die je das Geschehen an den Finanzmärkten geprägt haben. Der Name Livermore ist untrennbar mit der Praxis verbunden, Aktienpositionen, die Gewinn bringen, sukzessive auszubauen und sich von Verlustbringern möglichst rasch zu trennen. Kaum ein anderer wurde schon zu seinen Lebzeiten so bewundert – und gleichzeitig verteufelt. Denn Livermore verdiente sein Geld vor allem mit dem sogenannten „Short-Selling", also mit der Spekulation auf fallende Aktienkurse. Dabei ruinierte er so manche Existenz. Zuletzt sogar seine eigene. Aber der Reihe nach.

Unter dem vollen Namen Jesse Lauriston Livermore wurde er am 26. Juli 1877 in South Acton im US-Bundesstaat Massachusetts geboren. Schon als Kind fiel er durch seine außergewöhnlichen mathematischen Fähigkeiten auf. Sein Vater hatte jedoch keinerlei Verständnis für irgendwelche akademischen Ambitionen. Jesse sollte genau wie er selbst Farmer werden. Der Legende nach floh Jesse an dem Tag von zu Hause, an dem er von der Schule genommen wurde und sein Vater ihm eine Latzhose für die Arbeit auf der Farm überreichte. Jesse war damals gerade 14 Jahre alt.

Mit nur fünf Dollar in der Tasche– die hatte er von seiner Mutter erhalten, die ihn heimlich unterstützte –, ging Jesse Livermore nach Boston und verdingte sich bei der dortigen Filiale des Brokerhauses Paine Webber als sogenannter „chalkboard boy", das heißt, er notierte mit Kreide die Kurse von Rohstoffen oder Aktien für jedermann sichtbar auf Tafeln. Nach wenigen Monaten entdeckte Livermore in der Nachbarschaft einen sogenannten „Bucket Shop", eine Art Wettbüro für Aktien. Wie an der Börse konnte man dort auf Kursveränderungen spekulieren, was Livermore mit seinem ersten verdienten Geld auch tat. Und zwar recht erfolgreich. Er war erst 16 Jahre alt, da hatte er mit seinen Spekulationen bereits 1.000 Dollar und den Spitznamen „Boy Wonder" (Wunderknabe) verdient. Da ließ sich auch verschmerzen, dass er seinen Job bei Paine Webber verloren hatte. Seinen Vorgesetzten waren seine Aktienspekulationen ein Dorn im Auge gewesen.

1893 verfügte Livermore bereits über ein Vermögen von 2.500 Dollar; eine Menge Geld für die damalige Zeit und einen jungen Menschen. Sein Problem: Weil er in den Bucket Shops so überaus erfolgreich spekuliert hatte, hatten viele Shops ihm Hausverbot erteilt. Kein Wunder, schließlich machten die Shops ihr Geld damit, dass die Kunden ihr Geld verloren.

Livermore wagte deshalb ein erstes Abenteuer an der Wall Street. Und das endete erst einmal in der Pleite. Mit 1.000 Dollar, die er sich von einem reichen Gönner geliehen hatte, ging es deswegen zurück in die Bucket Shops. Erst 1899 kam Livermore an die Wall Street zurück. Aus einem Startkapital von 10.000 Dollar machte er binnen weniger Jahre ein Vermögen von 50.000 Dollar. Doch auch dieser Reichtum sollte vergänglich sein. Nach dem großen Bullenmarkt von 1901 erkannte Livermore die Trendwende am Markt zwar rechtzeitig und spekulierte auf fallende Kurse, doch damals tickten die Uhren im Börsenhandel noch anders. Es gab keine Realtime-Kurse oder die Garantie, dass Trades sofort abgewickelt werden. Weil seine Orders so stümperhaft ausgeführt worden waren, stand Livermore am Ende wieder einmal mit leeren Händen da.

Nach dieser Pleite zog sich Jesse Livermore für mehrere Jahre zurück, um seine Fehler zu analysieren – und um 1906 mit einem Paukenschlag zurückzukehren: Wohl einer inneren Eingebung folgend, verkaufte Livermore mehrere Tausend Aktien der Eisenbahngesellschaft Union Pacific leer. Nur wenige Tage später, am 18. April 1906, kam es zum großen Erdbeben von San Francisco. Die Märkte brachen ein und bescherten Livermore einen Gewinn von 250.000 Dollar. Am Ende des Oktobercrashs von 1907 verfügte Livermore über ein Vermögen von drei Millionen Dollar. Geld, das er in der Folge unter anderem mit Engagements in Baumwolle wieder vollständig verlor. Im Jahr 1915 hatte Jesse Livermore Schulden in Höhe von einer Million Dollar angehäuft.

Doch noch einmal sollte Livermore auf die Börsenbühne zurückkehren. Beim großen Crash von 1929 verdiente er mit seinen Short-Spekulationen mehr als 100 Millionen Dollar. Livermore war auf dem Höhepunkt seines Ruhmes angekommen. Doch von da an ging es steil bergab. Zunehmend belasteten ihn private Probleme wie etwa die Scheidung von seiner zweiten Frau Dorothy. Auch an der Börse hatte Livermore sein glückliches Händchen verloren. Von Depressionen geplagt musste er im Jahr 1935 erneut seinen finanziellen Bankrott eingestehen, ein Schock, von dem er sich nie wieder erholen sollte. Fünf Jahre später, im Jahr 1940 nahm sich Livermore auf der Toilette des New Yorker Sherry-Netherland-Hotels das Leben durch einen Schuss in den Kopf. Livermore wurde 63 Jahre alt.

 Jesse Livermore verfolgte als Trader zunächst die Strategie, kleine Positionen bei einzelnen Werten aufzubauen und diese sukzessive zu erhöhen, wenn sie in die Gewinnrichtung liefen. Positionen, die Verluste einbrachten, wurden schnell wieder ver-

kauft. Berühmt wurde Livermore jedoch als Begründer des Short-Sellings, also der Spekulation auf fallende Kurse. Mit diesen Geschäften, die auch Leerverkäufe genannt werden, machte Livermore ein Vermögen, das er jedoch später wieder fast vollständig verlor.

Benjamin Graham – „Godfather" des Value Investings

Anleger von heute kennen Warren Buffett als den Inbegriff des Value Investings, jener Form des Investierens, bei der Anleger Aktien von Unternehmen kaufen, die sie für unterbewertet halten, um so die größtmögliche Rendite zu erzielen. Doch sein Handwerk lernte Buffett bei dem Mann, der bis heute als Begründer der Fundamentalanalyse, des Grundsteins des Value Investings, gilt: Benjamin Graham.

Benjamin Graham wurde am 9. Mai 1894 als Kind jüdischer Eltern unter dem Namen Benjamin Grossbaum geboren. Nur ein Jahr nach seiner Geburt wanderte seine Familie nach Amerika aus und ließ sich in New York nieder. Mit einem deutsch klingenden Namen hatte man jedoch zu Zeiten des Ersten Weltkriegs in den USA einige Probleme zu erwarten. Kurzentschlossen änderte die Familie deshalb den Namen in Graham um.

Benjamin Grahams Vater verstarb früh, die Familie verlor ihren ganzen Besitz. Obwohl der kleine Benjamin in ärmlichsten Verhältnissen aufwuchs, gehörte er in der Schule stets zu den Besten. Später studierte er Philosophie, Mathematik, Englisch und Griechisch an der Columbia University. Mit 20 Jahren schloss er das Studium als Zweitbester seines Jahrgangs ab. Ein Angebot, als Lehrer zu unterrichten, lehnte er ab. Graham hatte andere Pläne.

Die Börse an der New Yorker Wall Street übte eine magische Anziehungskraft auf Benjamin Graham aus. Deswegen schloss er sich gleich nach seinem Studium einer New Yorker Maklerfirma an. Kurze Zeit später legte er unter dem Namen Graham-Newman Partnership einen Investmentfonds auf. Im Jahr 1926 war es so weit, für Graham ging ein Traum in Erfüllung: Unter dem Namen Benjamin-Graham-Konsortium gründete er die erste eigene Vermögensverwaltung. Da er sich in der Zwischenzeit einen hervorragenden Ruf als Kenner der

Fundamentalanalyse erworben hatte, bekam er nebenher Aufträge als Gutachter in Bewertungsfragen.

Zu seiner ersten großen Bewährungsprobe an den Finanzmärkten wurde für Graham der große Börsencrash von 1929. Zu dieser Zeit verwaltete das Benjamin-Graham-Konsortium netto etwa 2,5 Millionen Dollar an Kapital. Doch von dem Geld blieb nicht viel. Der Crash und die sich anschließende Weltwirtschaftskrise vernichteten einen Großteil der Mittel. Am Anfang des Jahres 1932 waren noch etwa 375.000 Dollar übrig. War Graham im Jahr 1929 der Ansicht gewesen, dass viele Aktien bereits deutlich zu hoch bewertet seien, war er am Ende der Depression ebenso überzeugt davon, dass viele Papiere deutlich unterhalb ihres fairen Wertes gehandelt wurden. Umso mehr sah er sich in seiner Absicht bestätigt, allgemeingültige Regeln für das wertorientierte Anlegen festzulegen. Diese Regeln wurden später als „Benjamin-Graham-Regeln" bekannt und haben bis heute kaum etwas von ihrer Aktualität verloren. Nach Graham sollten Anleger vor einem Investment sicherstellen, dass

▶ die Einstandsrendite (berechnet, indem man den Gewinn je Aktie durch den Aktienkurs teilt) doppelt so hoch ist wie die Rendite 30-jähriger Staatsanleihen.

▶ das Kurs-Gewinn-Verhältnis (KGV) aktuell weniger als 40 Prozent des höchsten KGVs der letzten fünf Jahre beträgt.

▶ die Dividendenrendite mindestens zwei Drittel der Anleiherendite beträgt.

▶ der Aktienkurs nicht mehr als zwei Drittel des Buchwerts beträgt.

▶ der Börsenwert eines Unternehmens nicht höher ist als zwei Drittel des Nettoumlaufvermögens.

▶ das Fremdkapital das Eigenkapital nicht übersteigt.

▶ das Umlaufvermögen mindestens doppelt so hoch ist wie die kurzfristigen Verbindlichkeiten.

▶ das Fremdkapital geringer ausfällt als das zweifache Nettoumlaufvermögen.

▶ das durchschnittliche Gewinnwachstum in den letzten zehn Jahren bei mehr als sieben Prozent lag.

▶ in den letzten zehn Jahren der Gewinn nicht mehr als zweimal rückläufig war.

Schon während der großen Depression hatte Benjamin Graham, gemeinsam mit seinem Partner David Dodd, mit der Arbeit an einem Buch begonnen, das alle wesentlichen Aspekte der fundamentalen Aktienanalyse auf den Punkt bringen sollte. Im Jahr 1934 erschien schließlich „Security Analysis". Das Werk, das in Deutschland unter dem Titel „Wertpapieranalyse" erschien, gilt noch heute als die Bibel des Value Investings. Im Jahr 1949 veröffentlichte Graham mit „The Intelligent Investor" („Intelligent investieren") ein weiteres Buch, das bis heute nichts von seiner Aktualität eingebüßt hat. Neben seiner Tätigkeit als Autor lehrte Benjamin Graham ab 1928 außerdem an der renommierten Columbia University. Zu seinen Studenten zählten spätere Wall-Street-Größen wie William Ruane und Irving Kahn. Sein sicherlich bekanntester Zögling war jedoch Warren Buffett, der heute selbst eine Anlegerlegende ist und zu den reichsten Menschen auf dem Planeten zählt. Benjamin Graham starb am 21. September 1976 im Alter von 82 Jahren.

 Benjamin Graham gilt als Pionier auf dem Gebiet der fundamentalen Aktienanalyse und als „Godfather" des Value Investings. Mit seinen Thesen hat er Studenten wie Warren Buffett beeinflusst, die später selbst zu Börsenlegenden wurden. Seine Bücher „Wertpapieranalyse" und „Intelligent investieren" sind bis heute Standardwerke für wertorientierte Anleger. Die von Graham formulierten und nach ihm benannten Regeln des Value Investings haben nichts an Aktualität eingebüßt.

André Kostolany – der Börsenphilosoph

„Was ich weiß, habe ich in der Praxis des Börsendschungels gelernt, und das Lehrgeld war ein Vielfaches dessen, was die besten Universitäten in Amerika gekostet hätten." Dies ist nur eine der vielen Weisheiten, mit denen der „Börsenphilosoph" André Kostolany auch heute noch oft zitiert wird. Eine andere ist: „Einer Straßenbahn und einer Aktie darf man nie nachlaufen. Nur Geduld: Die nächste kommt mit Sicherheit." Kostolany gehört zweifellos zu den interessantesten Figuren, die die Börse je hervorgebracht hat. Durch seine Bücher, seine Seminare und nicht zuletzt durch einen TV-Werbespot für eine deutsche Automarke, in dem Kostolany die Menschen dazu anhielt, einmal über Aluminium-Aktien nachzudenken, war der Amerikaner ungarischer Herkunft vor allem in Deutschland einem breiten Publikum bekannt.

Geboren wurde André Bertholomew Kostolany am 9. Februar 1906 in Budapest als Sohn einer jüdischen Industriellenfamilie. In Budapest absolvierte er auch seine Schulzeit und studierte Philosophie und Kunstgeschichte an der Universität. Sein Vater hatte jedoch einen handfesteren Beruf für den Filius geplant und schickte André Mitte der 1920er-Jahre nach Paris in die Lehre beim französischen Börsenmakler Adrien Perquel. Dort packte ihn das Börsenfieber. Hier lernte er nicht nur die theoretischen Grundlagen der Preisbildung am Aktienmarkt. Besonders faszinierte ihn das oftmals scheinbar irrationale Handeln der Marktteilnehmer. Seine Versuche, aus diesen Handlungen eine Art psychologisches Muster zu entwickeln, gipfelten später in dem Ausspruch: „Die Kursentwicklung hängt allein davon ab, ob mehr Dummköpfe als Papiere da sind oder mehr Papiere als Dummköpfe."

Im Jahr 1940 flüchtete die Familie Kostolany vor dem Terror der Nazis in die USA. Dort nahm André Kostolany eine Stelle bei dem Finanzhaus G. Ballai & Cie Financing an. Innerhalb weniger Jahre arbeitete er sich hier zum Generaldirektor und Hauptaktionär des Unternehmens hoch. Doch Kostolany hielt es nicht in den USA, ihn zog es zurück nach Europa. Ab 1950 lebte er abwechselnd in Paris und in München. Er spekulierte mit allem, worauf sich spekulieren ließ: Aktien, Rohstoffe oder Derivate. Alles mit einem Ziel: der finanziellen und damit der persönlichen Unabhängigkeit. Kostolany selbst wird folgendermaßen zitiert: „Ich will unabhängig sein. Und das beste Mittel für Unabhängigkeit ist Geld."

Kostolany sah das Spekulieren als eine Kunst, sich selbst als eine Art Künstler. Dem tat auch der Umstand keinen Abbruch, dass nicht alle Spekulationen erfolgreich waren. Mehrfach in seinem Leben war Kostolany bankrott und sogar hoch verschuldet. Doch immer wieder gelang ihm die Wende. Er selbst hatte dafür eine einfache Erklärung: Er habe mit 49 Prozent seiner Spekulationen danebengelegen, aber bei 51 Prozent ins Schwarze getroffen. Von der Differenz von zwei Prozent habe er glänzend leben können.

Glänzend gelebt haben dürfte Kostolany aber nicht zuletzt auch wegen seines großen Erfolgs in seiner zweiten Karriere als Journalist und Buchautor. Bei den Kollegen von der Presse war Kostolany nicht zuletzt wegen der vielen druckreifen Zitate und Bonmots jederzeit ein gefragter Kommentator des Börsengeschehens. Insgesamt veröffentlichte Kostolany 13 Bücher. Die wurden in acht Sprachen übersetzt und verkauften sich weltweit mehr als drei Millionen Mal. Zu den bekanntesten zählen „Das ist die Börse" und „Die Kunst über Geld nachzudenken". André Kostolany starb am 14. September 1999 im Alter von 93 Jahren in Paris.

 André Kostolany war vermutlich nicht der erfolgreichste Spekulant aller Zeiten, sicher aber der bekannteste. Viele seiner Aussprüche wie etwa „Einer Straßenbahn und einer Aktie darf man nie nachlaufen. Nur Geduld: Die nächste kommt mit Sicherheit." sind an der Börse mittlerweile zu geflügelten Worten geworden.

George Soros – der Menschenfreund

Fondsmanager, Spekulant, Polit-Aktivist, Philanthrop – mit vielen Begriffen ist George Soros Zeit seines Lebens schon benannt worden. Und sie stimmen alle. Seine Karriere im Finanzsektor startete er als Fondsmanager, reich und berühmt wurde er vor allem durch seine Währungsspekulationen, mit politischen Mitteln kämpft er für seine Vision einer offenen Gesellschaft und mit seinem privaten Vermögen unterstützt er unter anderem soziale Projekte.

Wie bei André Kostolany beginnt auch die Geschichte von George Soros in Budapest. Hier wurde er am 12. August 1930 unter dem Namen György Schwartz als Sohn einer jüdischen Familie geboren. Wegen des sich ausbreitenden Antisemitismus änderte die Familie ihren Namen 1936 in Soros. George Soros überlebte den Holocaust an den ungarischen Juden in Budapest und auch die Schlacht um die ungarische

Hauptstadt zwischen den Deutschen und den Sowjets. Als die Sowjets Budapest besetzten, floh er nach England.

Dort begann für George Soros die klassische „Vom Tellerwäscher zum Millionär"-Karriere. Bis 1952 besuchte er die London School of Economics. Sein Studium finanzierte er mit Jobs als Schaffner und als Kellner in einem Restaurant. Einer seiner Lehrmeister war der bekannte Philosoph Karl Popper. Von dessen Lehre des Liberalismus wurde Soros sehr geprägt. Bis heute gilt Soros als Verfechter des von Popper propagierten Modells der offenen Gesellschaft. Soros gründete sogar das Open Society Institute, mit dem er unter anderem den Aufbau der Zivilgesellschaften in Osteuropa nach dem Zusammenbruch des Kommunismus unterstützte. So soll Soros mehr als eine Milliarde Dollar gespendet haben, um Wissenschaft und Bildung in Russland zu fördern.

Im Jahr 1956 ging Soros in die USA. Dort verdiente er sich erste Sporen am Finanzmarkt. Zunächst verdingte er sich drei Jahre als Arbitrage-Händler, drei weitere Jahre arbeitete er als Wertpapieranalyst. Seinen endgültigen Durchbruch allerdings schaffte er als Fondsmanager. Gemeinsam mit seinem Freund Jim Rogers legte Soros Anfang der 1970er-Jahre den ersten Quantum-Fonds auf. Mit den internationalen Fonds schafften die beiden über Jahre eine gute, wenngleich unauffällige Performance. Bis 1992, dem Jahr, in dem Soros weltberühmt wurde als der Mann, der die Bank von England in die Knie zwang.

Soros war damals der festen Überzeugung, dass das Britische Pfund massiv überbewertet sei. Mit seinem Quantum-Fonds tätigte Soros deshalb Leerverkäufe in Höhe von zehn Milliarden Britische Pfund. Er tauschte die „geliehenen" Pfund im Wesentlichen gegen die Deutsche Mark und den Französischen Franc. In der Folge sah sich die britische Notenbank nicht mehr in der Lage, ihr Prinzip der Devisenmarktinterventionen durch feste Wechselkurse aufrechtzuerhalten. Am 16. September 1992 war es so weit: Die Bank von England war gezwungen, eine Abwertung des Britischen Pfunds vorzunehmen. Dies ging nicht nur als sogenannte Pfundkrise in die Geschichte ein und sorgte für den Austritt Großbritanniens aus dem europäischen Währungssystem, sondern bescherte Soros und seinem Quantum-Fonds auch einen Gewinn von einer Milliarde Dollar innerhalb nur einer Woche. Denn nach der Abwertung konnte Soros die „geliehenen" zehn Milliarden Britische Pfund zu einem niedrigeren Kurs zurückkaufen.

Devisenspekulationen blieben auch in der Folge eine Domäne von Soros. Im Jahr 1993 spekulierte er unter großem öffentlichen Aufsehen gegen die Deutsche Mark. In einem Zeitungsinterview forderte er: „Down with the D-Mark!" Vier Jahre später sollen Transaktionen seines Quantum-Fonds maßgeblich für den Zusammenbruch der malaysischen Währung verantwortlich gewesen sein und damit die Asienkrise ausgelöst haben. Diese Vorwürfe wies Soros jedoch stets zurück. Im Jahr 1998 soll Soros zudem durch Leerverkäufe die Abwertung des Russischen Rubels herbeigeführt haben.

Bis heute ist George Soros an den Finanzmärkten aktiv. Seine Investmentgesellschaft Soros Fund Management leitet immer noch die Geschicke der Quantum-Fonds. Mit seinem Privatvermögen erscheint er regelmäßig auf einem der vorderen Ränge der Forbes-Liste der vermögendsten Menschen der Welt. Und auch abseits des Börsenparketts sorgt Soros immer wieder für Schlagzeilen: Jahrelang hatte Soros die Regierung von George W. Bush scharf attackiert und diese als eine „Gefahr für die Welt" bezeichnet. Durch großzügige Wahlkampfspenden an die Demokraten hatte er 2004 versucht, Bushs Wiederwahl zu verhindern. Im Präsidentschaftswahlkampf 2008 stellte sich Soros auf die Seite eines jungen demokratischen Kandidaten: Barack Obama.

 George Soros wurde weltweit berühmt als der Mann, der die Bank von England in die Knie zwang. Aufgrund seiner Devisenspekulationen war die englische Notenbank gezwungen, eine Abwertung des Britischen Pfunds vorzunehmen, was Soros einen Gewinn von mehr als einer Milliarde Dollar einbrachte. Abseits des Börsenparketts machte Soros sich als Polit-Aktivist und Philanthrop einen Namen. Er kämpfte gegen die Administration Bush und unterstützt mit seinen Organisationen soziale Projekte, vor allem in Osteuropa.

Warren Buffett – das Orakel von Omaha

Normalerweise ist Omaha eine verschlafene Stadt im Bundesstaat Nebraska im Herzen Amerikas. Doch mindestens einmal im Jahr herrscht Trubel. Dann nämlich, wenn Börsenlegende Warren Buffett zur Hauptversammlung seiner Beteiligungsgesellschaft Berkshire Hathaway lädt. Im Jahr 1965 kaufte Buffett die marode Textilfabrik und formte daraus sein persönliches Investment-Vehikel, das mittlerweile eine der größten Firmen der USA ist und Buffett mit einem geschätzten Privatvermögen von über 63 Milliarden Dollar (Forbes 2015) zu einem der reichsten Menschen der Welt machte. Über Berkshire Hathaway, das Mitte 2016 an der Börse mit rund 350 Milliarden Dollar bewertet wurde, hält Buffett beträchtliche Anteile an bedeutenden US-Firmen wie Bank of America, Coca-Cola, General Electric oder Wal-Mart. Mehrere Hunderttausend Menschen arbeiten für die Unternehmen, an denen Berkshire beteiligt ist. Sie erwirtschafteten im Geschäftsjahr 2015 einen Umsatz von rund 200 Milliarden Dollar.

Das Geschick in finanziellen Angelegenheiten wurde Warren Buffett in die Wiege gelegt. Am 30. August 1930 erblickte Warren in Omaha das Licht der Welt. Sein Vater Thomas übte den Beruf des Brokers aus, bevor er 1942 in den Kongress gewählt wurde und dort für mehrere Legislaturperioden blieb. Der Legende nach war Buffett schon als Kind außerordentlich geschäftstüchtig. Im zarten Alter von sechs Jahren kaufte er Sechserpacks Cola für 25 Cent und verkaufte die einzelnen Flaschen für je fünf Cent. Mit elf Jahren tätigte er die ersten Aktiengeschäfte, die er mit Gewinn abschloss.

Zum einschneidenden Erlebnis wurden jedoch seine Erfahrungen an der Universität. An der Columbia University war Benjamin Graham, der Begründer der Fundamentalanalyse (siehe Seite 169), sein Lehrer. Dessen Ansatz des Value Investings, also des wertorientierten Anlegens, sollte auch für Buffett zur Grundlage seiner späteren Handelsaktivitäten werden. Buffett galt als Musterschüler Grahams. Hartnäckig halten sich Gerüchte, nach denen Buffett der einzige Student gewesen sei, dem Graham während seiner 22-jährigen Lehrtätigkeit je die Höchstnote A+ gab.

Im Jahr 1951 schloss Buffett die Universität mit dem Titel „Master of Economics" ab. Im Anschluss arbeitete er eine Zeit für die Brokerfirma seines Vaters. Im Jahr 1954 stieg er als Wertpapieranalyst in die Firma seines Lehrmeisters Benjamin Graham ein. Als sich dieser 1956 ins Privatleben zurückzog, machte Buffett sich mit seiner ersten Investmentfirma selbstständig. In seine Firma Buffett Partnership, eine Art Investmentpool, zahlte er den symbolischen Betrag von 100 Dollar ein. Verwandte und Bekannte steuerten weitere 105.000 Dollar als Startkapital bei. Schon damals folgte Buffett der Strategie, vor allem auf Unternehmen zu setzen, die über eine gute Marktstellung, eine hohe Profitabilität sowie eine solide Gewinnentwicklung verfügten und die nach seiner Ansicht an der Börse unterbewertet waren. Die Taktik ging auf: Im Durchschnitt verzeichnete der von ihm geführte Investmentfonds jährlich einen Wertzuwachs von fast 30 Prozent.

Doch im Laufe der 1960er-Jahre wurde die Luft an der Wall Street rauer. Anleger setzten vermehrt auf riskante Aktien und trieben die Kurse in schwindelerregende Höhen – das war nicht die Welt Warren Buffetts. Schon im Jahr 1967 wandte er sich in einem Brief an seine Aktionäre. Sein Statement: „Ich kann mit den herrschenden Bedingungen nichts mehr anfangen." Konsequenterweise löste er 1969 seinen Investmentpool auf.

Doch dieses Ende bedeutete gleichzeitig den Anfang einer unglaublichen Erfolgsstory: der von Berkshire Hathaway. 1965 hatte Buffett die finanziell angeschlagene Textilfabrik in sein Beteiligungsportfolio gekauft. Nun baute er das Unternehmen zu seinem persönlichen Investment-Vehikel um. Nach der Maxime des wertorientierten Anlegens und mit dem festen Vorsatz, nicht in Unternehmen zu investieren, deren Geschäfte er nicht verstand, baute Buffett die größte und bis heute erfolgreichste Investmentgesellschaft der Welt auf. Vor diesem Hintergrund verwundert es nicht, dass Buffett selbst seine Einstiege bei Banken und Versicherungen oder beispielsweise bei der *Washington Post* für seine cleversten Schachzüge hält.

Bis heute leitet Buffett, dessen unprätentiöser Lebensstil immer wieder hervorgehoben wird, die Geschicke des Konzerns. Buffett, der angekündigt hat, einen Großteil seines Vermögens für wohltätige Zwecke zu stiften, lebt mit seiner zweiten Frau Astrid immer noch in dem Haus in Omaha, das er 1958 für gerade einmal 31.500 Dollar gekauft hat.

Der Versuch, am Investitionsgeschick Warren Buffetts teilzuhaben, indem man in die Aktie von Berkshire Hathaway investiert, ist im Gegensatz dazu jedoch ein sehr exklusives Vergnügen: Das Originalpapier wird an der New York Stock Exchange seit Ende 2009 kontinuierlich zu Preisen im sechsstelligen Dollar-Bereich je Aktie gehandelt. Glücklicherweise ist immerhin die 1996 ins Leben gerufene B-Aktie, die die Entwicklung der A-Aktie nachvollzieht, allerdings zu einem deutlich niedrigeren Preis, mittlerweile für Privatanleger erschwinglich.

 Warren Buffett, auch bekannt unter seinem Spitznamen „Orakel von Omaha", gilt als einer der erfolgreichsten Investoren der Welt. Als Schüler von Benjamin Graham verfolgt auch er den Ansatz des wertorientierten Anlegens und handelt darüber hinaus nach dem Leitsatz, nie in Unternehmen zu investieren, deren Geschäftstätigkeit er nicht versteht. Damit ist Buffett bisher gut gefahren: Seine Investmentgesellschaft Berkshire Hathaway gilt als eine der erfolgreichsten der Welt und hat Buffett selbst mit einem geschätzten Privatvermögen von rund 60 Milliarden Dollar zu einem der reichsten Menschen des Planeten gemacht.

Peter Lynch – das Investment-Chamäleon

Einen der größten Investmentstrategen des 20. Jahrhunderts, Peter Lynch, darf man getrost als Jungspund unter den Börsenlegenden bezeichnen, hat es der damals junge Lynch mit dem von ihm gemanagten Magellan-Fonds doch schon in den 1980er-Jahren zu sagenhaften Kurszuwächsen gebracht. Einer breiten Börsianermasse ist er zudem durch mehrere Bücher zum Thema Börse und Aktien bekannt, die allesamt mittlerweile Bestseller der Finanzliteratur sind.

Peter Lynch wurde am 19. Januar 1944 in Newton im US-Bundesstaat Massachusetts geboren. Anders als etwa André Kostolany, der zuerst mit einer geisteswissenschaftlichen Ausbildung begann, entschied sich Lynch bereits frühzeitig für eine Karriere im Bereich Wirtschaft. Im Jahr 1965, im Alter von 21 Jahren, machte er am Boston College seinen Abschluss in Finanzen. Er absolvierte einen zweijährigen Militärdienst und schloss 1968 sein Studium an der University of

Pennsylvania mit einem MBA ab. Nachdem er schon zuvor aushilfs-
weise bei der Investmentgesellschaft Fidelity gearbeitet hatte, stellte das
Unternehmen ihn im Jahr 1969 schließlich fest an.

Bei Fidelity beschäftigte sich Lynch zunächst mit Analysen unter
anderem der Metall-, Minen- und Chemieindustrie. 1974 machte man
ihn dann zum Leiter der Research-Abteilung. 1977 übernahm er
schließlich die Position, die er die kommenden 13 Jahre lang ausfüllen
und die ihm seinen legendären Ruf einbringen sollte: Lynch wurde
zum Manager des zum damaligen Zeitpunkt noch verhältnismäßig
unbekannten und kleinen Magellan-Fonds.

Zum damaligen Zeitpunkt wohlgemerkt. Denn Lynch verwandelte
das ihm anvertraute Portfolio im Laufe der Jahre zu einer wahren
Geldmaschine: Das Volumen des Magellan-Fonds wuchs unter Lynch
von 18 Millionen auf 14 Milliarden Dollar an. 1990 trat Lynch dann als
Manager des Fonds zurück – nachdem er den Anlegern, die von Anfang seiner Amtszeit an dabei waren, eine stolze Wertentwicklung von
rund 2.700 Prozent beschert hatte. Und nachdem er – das beeindruck-
te die Kollegen aus der Finanzbranche fast noch mehr – in 11 seiner 13
Amtsjahre den maßgeblichen S&P 500 Index in Sachen Performance
übertroffen hatte.

Lynch wurde aber nicht nur als einer der erfolgreichsten Fondsmanager aller Zeiten berühmt. Auch seine Herangehensweise beeinflusste
die Investmentbranche der 80er- und 90er-Jahre. Obwohl er sich jeweils
dem gerade angesagten Anlagestil anpassen konnte – was ihm in der
Branche auch den Spitznamen „Chamäleon" einbrachte –, hatte er seine
eigene Sicht der Dinge. Und seine ganz eigenen Grundsätze. Der wohl
wichtigste lautet: Du musst kennen, was du besitzt – bevor du etwas
kaufst, musst du in der Lage sein, das, was du erwerben willst, auch erklären zu können. Ein Geschäft muss also laut Lynch nicht nur erfolg-
und aussichtsreich, sondern auch leicht nachzuvollziehen sein. Was die
Amerikaner als „Eyes and Ears Investing" bezeichnen – im Deutschen
würde man das wohl das Investieren mit offenen Augen und Ohren
nennen –, beherrschte Lynch bis zur Perfektion: Investiere in das, was
dir im Alltag auffällt und was dich überzeugt. Dass dieser gesunde
Menschenverstand ein guter Anlageberater sein kann, bewies Lynch

mehrfach: Bei seinen Streifzügen durch US-amerikanische Einkaufs-zentren entdeckte Lynch das eine oder andere Unternehmen, dessen Aktie ihm und seinem Fonds später an der Börse hohe Gewinne ein-brachte.

Wie andere value-orientierte Investoren konzentriert Lynch sich bei der Bewertung eines Investment auf die Fundamentaldaten eines Unternehmens, lässt dabei aber im Gegensatz zu vielen anderen den Gesamtmarkt außer Acht – die langfristige Entwicklung eines Papiers ist laut Lynch entscheidend, kurzfristige Schwankungen des Marktes sind in seinen Augen eher zu vernachlässigen. Noch ein Unterschied zu anderen Value-Investoren: Während etwa Warren Buffett vor allem auf Schwergewichte unter den börsennotierten Unternehmen setzt, sucht Lynch gerade auch bei den Nebenwerten, also den Aktien aus der soge-nannten zweiten Reihe, nach unterbewerteten Papieren.

In seinen Büchern – das erste erschien 1989, das dritte und bislang letzte 1996 – bringt Lynch seinen Lesern seine Investmentphilosophie und seine wichtigsten Regeln nahe. Und er kreiert Begriffe, die mittler-weile schon fast zum Basisvokabular der Börsianer gehören, so etwa den „Tenbagger". Damit bezeichnet Lynch eine Aktie, die sich aufgrund der guten fundamentalen Situation des jeweiligen Unternehmens und der guten Aussichten für die Branche, in der dieses Unternehmen tätig ist, im Kurs verzehnfacht.

Heute ist Peter Lynch noch als Berater für Fidelity tätig. Wie andere Investorengrößen engagiert sich auch Peter Lynch seit vielen Jahren für wohltätige Projekte.

Peter Lynch, der sich im Laufe seiner aktiven Zeit an den Märkten verschiedene Investmentstile zunutze machte und sich damit den Beinamen „Chamäleon" erarbeitete, verleiht dem Thema In-vestieren seine eigene Note. Während seiner Amtszeit als erfolg-reicher Manager des Magellan-Fonds setzte Lynch anders als andere Value-Investoren auch auf Werte aus der zweiten Reihe. Lynch ist vor allem deshalb so populär, weil sein Credo – halte auch im Alltag die Augen und Ohren offen nach möglichen In-vestmentideen – selbst für Börsenlaien gut nachzuvollziehen ist.

Der Weg zum Erfolg von Börsenlegenden wie den eben vorgestellten ist sicher lang. Es gibt jedoch ein paar typische Sprichwörter, deren Verständnis diesen Weg verkürzen kann.

Börsenweisheiten und was sie bedeuten

Im Laufe der Börsengeschichte haben sich immer wieder gewisse Gesetzmäßigkeiten herauskristallisiert, aus denen manche Strategen verschiedene Regeln abgeleitet haben. Aus einigen davon sind Sprichwörter entstanden, die mitunter einen hohen Unterhaltungswert haben. Wie schon erwähnt war etwa Investorenlegende André Kostolany für seine vielen Börsenweisheiten bekannt, die teilweise beinahe philosophische Züge haben und die auch heute noch gültig sind.

Viele dieser Börsenweisheiten Kostolanys und seiner Kollegen, die auf den ersten Blick zum Schmunzeln anregen, haben dennoch einen ernst zu nehmenden Hintergrund. Im Folgenden werden bekannte Weisheiten herausgegriffen, ihr Hintergrund erläutert und die Frage geklärt, ob es sich um eine sinnvolle Regel oder doch nur um eine Binsenweisheit handelt.

The trend is your friend

Die deutsche Übersetzung dieser englischen Börsenweisheit lautet: Der Trend ist dein Freund. Sie drückt die Überzeugung aus, dass der Kursverlauf einer Aktiennotierung einer der wichtigsten, wenn nicht gar der wichtigste Indikator für die weitere Entwicklung einer Aktie ist. Wer mit einem Investment auf einen gültigen Trend setzt, kann nach Ansicht der Anhänger dieser Börsenweisheit nichts – oder nicht viel – falsch machen. Für Sie heißt das: Positionieren Sie sich mit Ihrem Depot in Richtung des bestehenden Trends – und versuchen Sie nicht, schlauer als der Markt zu sein.

Der Markt hat immer recht

Diese Börsenweisheit geht in eine ähnliche Richtung wie die vorangegangene, ist aber noch einen Tick umfassender. Sie sagt aus, dass das einzig Entscheidende der Markt selber ist. Ob ein Unternehmen gute oder schlechte Zahlen präsentiert, ob die Kursverläufe sensationell oder verheerend sind – all das kann unwichtig für die Entwicklung dieser Aktie sein. Wenn die Aktie steigt, steigt sie. Ob begründet oder nicht. Diese Weisheit sagt durch die Blume, dass am Markt nicht immer nur rationale Dinge passieren.

Ein kleines Beispiel: Die Aktie des Online-Kaufhauses Amazon. com hatte über die Jahre immer ein KGV im hohen zweistelligen Bereich. Vielen Anlegern mag die Amazon-Aktie daher zu teuer gewesen sein. Aber offensichtlich nicht allen – allein in den zehn Jahren von Mitte 2006 bis Mitte 2016 hat sich die Notierung in etwa verdreißigfacht. Dies zeigt: Teuer ist relativ.

Greife nie in ein fallendes Messer

Mit dieser Regel soll der Börsianer davon abgehalten werden, vorschnell in eine Aktie zu investieren, die zuvor deutlich an Wert verloren hat und die immer noch im Begriff ist zu fallen. Das fallende Messer ist ein Synonym für den fallenden Kurs dieser Aktie. Das Sprichwort warnt davor, zu früh wieder zu investieren, obwohl eine Erholung der Notierung noch nicht in Sicht ist. Es legt nahe, vorher eine Beruhigung der charttechnischen Situation abzuwarten, wie sie sich etwa in einer Bodenbildungsphase des Aktienkurses oder in dem Bruch eines Abwärtstrends ausdrücken könnte. Ansonsten könnte ein Einstieg in das jeweilige Papier – zumindest für das Depot des Anlegers – ähnlich schmerzhaft sein wie der tatsächliche Griff in ein richtiges fallendes Messer.

Kaufe, wenn die Kanonen donnern

Dieses Sprichwort ist so etwas wie die Hommage an das Prinzip des antizyklischen Investierens. Mit den donnernden Kanonen ist ein labiler Markt oder der abgestürzte Kurs einer Einzelaktie gemeint. Es ist tatsächlich so: Zu Zeiten von donnernden Kanonen, also zu Kriegszeiten, wäre in der Vergangenheit ein guter Zeitpunkt für den Einstieg in den Aktienmarkt gewesen. Denn wenn politische Unruhen für fallende Kurse sorgten, ergaben sich danach immer Einstiegsmöglichkeiten zu günstigen Kursen (siehe Chart).

Das Sprichwort lässt sich auch auf Situationen an der Börse anwenden, die nichts mit Krieg zu tun haben. Hintergrund ist die Annahme, dass genau dann, wenn die Situation eines Papiers oder des gesamten Marktes am aussichtslosesten scheint, die beste Zeit für ein Investment gekommen ist. Das ist ja auch nachvollziehbar: Wenn die Gesamtheit der Marktteilnehmer den Markt oder eine einzelne Aktie für unattraktiv hält, haben sich genau diese Marktteilnehmer auch schon aus dem Markt beziehungsweise der Einzelaktie zurückgezogen und ihre Anteile verkauft. Auf der Verkaufsseite besteht also kein Druck mehr, der Markt beziehungsweise die Aktie dürfte in Kürze ihren Boden gefunden haben. Wenn dann die Kurse wieder steigen, wäre man mit einem Investment zu diesem Zeitpunkt dem Tief ziemlich nahe. Und das wäre gemäß der Börsianerprämisse „günstig kaufen und teuer verkaufen" schon einmal die halbe Miete.

Wichtig ist dabei natürlich für den Börsianer, richtig einzuschätzen, wann das Donnern der Kanonen am lautesten ist. Denn selbst wenn es mal, um in der Sprache zu bleiben, richtig laut donnert – wer sagt einem, dass es nicht noch lauter donnern kann?

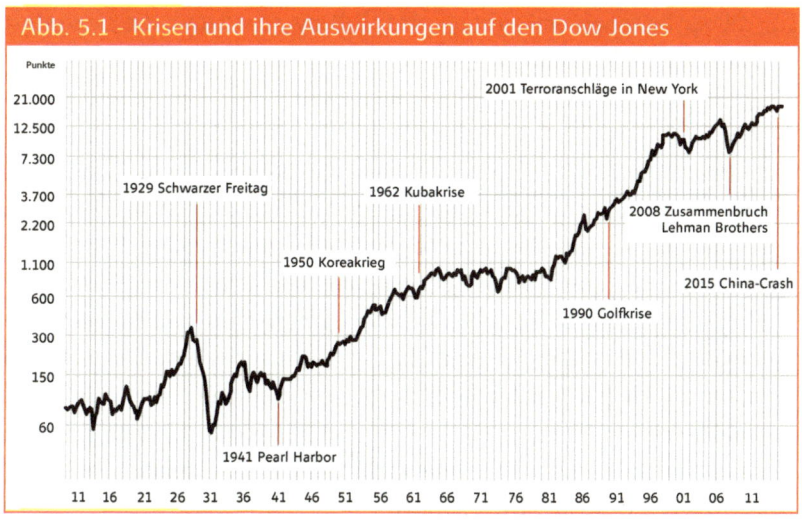

Abb. 5.1 - Krisen und ihre Auswirkungen auf den Dow Jones

Sell in May and go away

Dieses Sprichwort ist eines der bekanntesten an der Börse. Es wird regelmäßig in jedem Frühjahr bemüht. „Sell in May and go away" – zu Deutsch „Verkaufe im Mai und ziehe dich (aus dem Markt) zurück" – hat allerdings ebenfalls einen nachvollziehbaren Sinn. Statistiker haben sich die Mühe gemacht und anhand von empirischen Daten über die Dauer von Jahrzehnten die Wertentwicklung des Gesamtmarkts in den zwölf Monaten des Jahres untersucht. Dabei ergaben sich gewisse Regelmäßigkeiten. So ist laut Statistik der September der Monat, in dem sich der Markt am schlechtesten entwickelt. Und wenn man das Börsenjahr in ein gutes und ein schlechtes Halbjahr unterteilt, beginnen im Mai die sechs schlechteren, im November dann die sechs besseren Monate.

Es gibt sogar Fonds, die diese Gesetzmäßigkeiten berücksichtigen und in den vermeintlich schlechteren Monaten am Aktienmarkt defensiver, etwa in Anleihen, investieren. Für den Privatanleger ist eine solche saisonale Strategie allerdings nur bedingt sinnvoll, da er bei einem Verlassen des Aktienmarkts für einen Zeitraum von einem halben Jahr nicht unerheblicher Chancen verlustig gehen kann.

Dennoch sollte man sich nicht vertun – ist der Markt im Mai etwas unruhig, berufen sich viele Börsianer auf dieses Sprichwort und ziehen sich tatsächlich aus dem Aktienmarkt zurück. Dies wäre ein Beispiel für die zuvor schon erwähnte „self-fulfilling prophecy", die sich selbst erfüllende Prophezeiung.

Hin und Her macht Taschen leer

Mit diesem Sprichwort sollen Anleger vor übermäßigem Handel gewarnt werden. Zwar kann es nie schaden, auf aktuelle Situationen an der Börse mit seinem Depot zu reagieren. Dennoch sollten Sie als Anleger immer auch im Hinterkopf behalten, dass jede Order Geld kostet: Sie bezahlen die Provision des Maklers, unter Umständen eine Handelsspanne und zudem Steuern. Und so kann aus einem ansehnlichen Gewinn ein kleiner werden oder aus einem kleinen Gewinn ein Nullgeschäft, wenn nicht sogar ein Verlust. Denken Sie also immer über die Transaktionskosten für Ihre Investments nach – sie gehen schließlich in der Regel auf Kosten Ihrer Rendite.

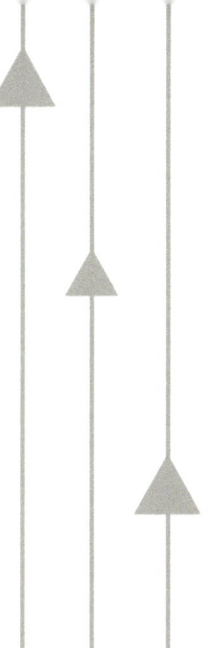

SCHLUSSWORT

Nun haben Sie es geschafft: Auf den letzten Seiten haben Sie alles gelernt, was Sie unbedingt wissen sollten, um erfolgreich an der Börse zu agieren. Natürlich hätten wir noch weitaus tiefer mit Ihnen in die Materie einsteigen können, denn an den Finanzmärkten lernen auch alte Hasen nie aus. Unser Ziel war es aber erst einmal, Ihnen alles Grundlegende beizubringen und Sie fit für die Börse zu machen. Das ist uns mit dem „Crashkurs Börse" hoffentlich gelungen. Jetzt liegt es an Ihnen, zur Tat zu schreiten, ein Depot zu eröffnen und sich lohnende Wertpapiere auszusuchen. Nur Mut: Das Handwerkszeug dazu haben Sie jetzt!

Wir wünschen Ihnen nun also viel Erfolg mit Ihren Investments und hoffen, dass wir Ihre Begeisterung für das spannende Thema Börse wecken konnten.

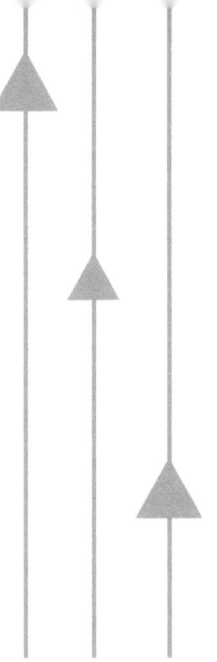

GLOSSAR

Ad-hoc-Pflicht   Verpflichtung der börsennotierten Unternehmen, kursrelevante Informationen ohne Zeitverzug an die Marktteilnehmer weiterzugeben

Aktie   Verbrieftes Anteilsrecht an einem Unternehmen (und dessen Gewinnen)

Aktiengesellschaft kurz: AG   Unternehmen, das Aktien ausgibt

Aktienindex   Kennzahl, an der sich ablesen lässt, wie sich Aktienkurse eines bestimmten Marktes entwickeln

Aktienkurs   Preis, der für eine Aktie an der Börse bezahlt wird

Aktiensplit   Aufteilung des aktuellen Aktienbestands eines Unternehmens in eine größere Zahl; am Unternehmenswert ändert sich nichts, das Kapital wird lediglich auf eine größere Zahl von Aktien verteilt, was die Aktie optisch günstiger erscheinen lässt

Aktionär	Inhaber von Aktien einer Aktiengesellschaft und damit Miteigentümer des Unternehmens
Anleihe	Schuldverschreibung über einen Geldbetrag, den ein Anleger einem Unternehmen bis zu einer bestimmten Frist (Fälligkeit) und zu einem bestimmten Zinssatz zur Verfügung stellt
Bär	(englisch: bear) Symbol für den pessimistisch gestimmten Anleger, der auf fallende Kurse spekuliert
Bärenmarkt	Börsenphase, in der die Aktienkurse vorwiegend fallen
Baisse	(franz.) Bezeichnung für eine Phase, in der die Kurse vorwiegend fallen (siehe auch Bärenmarkt)
Bookbuilding	Verfahren, bei dem festgelegt wird, zu welchem Kurs Aktien an die Börse kommen
Blue Chips	Standardwerte, Aktien mit hohem Börsenwert, von denen an der Börse viele Anteile gehandelt werden
Börse	Markt, an dem Aktien, Anleihen und andere Wertpapiere gehandelt werden
Buchwert	Summe des Wertes der immateriellen Vermögensgegenstände, der Sach- und Finanzanlagen (das ist das Anlagevermögen), vermindert um Abschreibungen und vermehrt um Zuschreibungen
Bulle	(englisch: bull) Symbol für den optimistischen Anleger, der auf steigende Kurse setzt

Bullenmarkt	Phase steigender Kurse an der Börse (siehe auch Hausse)
Call	Kaufoption
Cashflow	Zugang an flüssigen Mitteln innerhalb eines bestimmten Zeitraums
Chart	grafische Darstellung der Kursentwicklung
Courtage	Vermittlungsgebühr, die bei Zustandekommen eines Wertpapiergeschäfts der Makler erhält
DAX	kurz für Deutscher Aktienindex, Leitindex der Deutschen Börse, in dem die 30 wichtigsten deutschen Unternehmen enthalten sind
Depot	(virtueller) Ort, an dem Wertpapiere aufbewahrt werden und der von einer Bank entgeltlich verwaltet wird
Discountbroker	Wertpapierhandelsbank, die in der Regel keine Beratungen oder andere Dienstleistungen anbietet und dadurch Kosten einspart; dieser Preisvorteil wird beim Handel an den Endkunden weitergegeben
Diversifikation	Verteilung der Risiken durch Streuung des Kapitals; dabei wird das Geld in verschiedene Anlageklassen und unterschiedliche Branchen investiert
Dividende	Gewinnanteil einer Aktiengesellschaft, der an die Aktionäre ausgeschüttet wird

Dogs of the Dow	Strategie, die auf der Dividendenzahlung der größten US-Unternehmen basiert
Dow Jones Index	Leitindex der US-Börse, in dem 30 der wichtigsten amerikanischen Standardwerte zusammengefasst werden
EBIT	(englisch: Earnings Before Interest and Taxes) Bilanzkennzahl, die den Gewinn des Unternehmens vor Zinsen, Steuern und Ansprüchen Dritter darstellt
EBITDA	(englisch: Earnings Before Interest, Taxes, Depreciation and Amortisation) Bilanzkennzahl, die den Gewinn eines Unternehmens vor Zinsen, Steuern, den Ansprüchen Dritter und Abschreibungen auf Sachanlagen sowie immaterielle Vermögenswerte darstellt
Emerging Markets	(englisch: aufstrebende Märkte) Bezeichnung für die Aktienmärkte aufstrebender Schwellenländer, die über eine hohe Wachstumsdynamik verfügen
Emission	Einführung von Wertpapieren in den Handel
Ergebnis	Differenz aus Erlösen und Kosten; ist das Ergebnis positiv, spricht man von einem Gewinn, ist es negativ, spricht man von einem Verlust
Fonds	Von einer Investmentgesellschaft aufgelegtes Sondervermögen, das in Aktien oder andere Wertpapiere investiert

Fundamental-analyse	Analyse einer oder einer Gruppe von Aktien auf Grundlage fundamentaler Aspekte wie bilanzieller Kennzahlen
Geschäftsbericht	Jährliche Information einer Aktiengesellschaft über die Geschäftsentwicklung
Greenshoe	(Mehrzuteilungsoption) Option einer Konsortialbank, bei einem Börsengang zusätzliche Aktien auszugeben, falls bei der Zeichnung die Nachfrage das Angebot übersteigt
Hausse	(frz.) Länger anhaltender Kursanstieg an der Börse (siehe auch Bullenmarkt)
Index	Siehe Aktienindex
Institutionelle	Großanleger wie etwa Banken, Investmentgesellschaften, Versicherungen oder Pensionsfonds
IPO	Abkürzung für Initial Public Offering; siehe Neuemission
Kapitalerhöhung	Erhöhung des Eigenkapitals durch Ausgabe neuer Aktien
KBV	Abkürzung für Kurs-Buchwert-Verhältnis; Kennziffer, die etwas darüber aussagt, wie der Markt ein Unternehmen bewertet; das KBV errechnet sich, indem man den Kurs einer Aktie durch ihren Buchwert dividiert
KCV	Abkürzung für Kurs-Cashflow-Verhältnis; Kennzahl, die das Verhältnis des Aktienkurses zur Liquidität eines Unternehmens wiedergibt

KGV	Abkürzung für Kurs-Gewinn-Verhältnis; Kennzahl, die angibt, in welchem Verhältnis der Gewinn eines Unternehmens zur aktuellen Börsenbewertung steht; Faustregel: Je niedriger das KGV, desto besser
Konsortialbank	Bank innerhalb eines Konsortiums, das den Börsengang eines Unternehmens begleitet
Kurs	Preis, der für eine Aktie an der Börse bezahlt wird
KUV	Abkürzung für Kurs-Umsatz-Verhältnis; Kennzahl, die angibt, in welchem Verhältnis der Umsatz eines Unternehmens zur aktuellen Börsenbewertung steht; Faustregel: Je niedriger das KUV, desto besser
Limit	Angabe, die den Höchstkurs bei einer Kauforder oder den Mindestkurs bei einer Verkaufsorder festlegt; auch Sonderformen sind möglich
Long	Käuferposition
Makler	Händler, der an der Börse Käufer und Verkäufer zusammenbringt
Markt	Aktienmarkt oder Wertpapierbörse; (virtueller) Ort, an dem Wertpapiere gehandelt werden
Marktkapitalisierung	Börsenwert eines Unternehmens, errechnet sich durch die Multiplikation aller Aktien des Unternehmens mit dem aktuellen Kurs des einzelnen Papiers

MDAX	Aktienindex, in dem die Wertentwicklung der wichtigsten mittelgroßen deutschen Unternehmen abgebildet wird
Nasdaq	US-Technologiebörse; gemessen an der an ihr gelisteten Unternehmen die größte Börse der Welt
Nennwert	Anteil einer Aktie am Grundkapital einer Aktiengesellschaft
Neuemission	Neueinführung von Aktien eines Unternehmens an der Börse; auch als IPO (Initial Public Offering = erstes öffentliches Angebot) bezeichnet
Optionsschein	Wertpapier, welches das Recht verbrieft, innerhalb einer Frist zu festgelegten Konditionen Aktien zu erwerben
Order	Kauf- oder Verkaufsauftrag an der Börse
Parkett	Börsensaal
Parketthandel	Synonym für Präsenzhandel, also den Börsenhandel, bei dem Makler physisch anwesend sind
Pennystocks	(engl.) In der Regel hochspekulative Aktien, deren Kurswert häufig unter einem Dollar notiert
Portfolio	Depot
Präsenzbörse	Siehe Parketthandel
Price/Earnings to Growth Ratio (PEG Ratio)	Kennzahl, die das Verhältnis zwischen KGV und Gewinnwachstum ausdrückt

Rendite	Gesamterfolg einer Kapitalanlage
Schlusskurs	Letzter Kurs am Ende eines Börsentags
Short	Verkaufsposition
Stammaktie	Anteilschein einer Aktiengesellschaft, der bei der Hauptversammlung voll stimmberechtigt ist
Streubesitz	Zahl der Aktien, die sich nicht in festen Händen befinden, sondern tatsächlich am Markt gehandelt werden
Trend	Grundrichtung eines Aktienkurses
Transaktions-kosten	Kosten, die für Anleger beim Kauf und Verkauf von Wertpapieren entstehen
Überzeichnung	Bei einer Neumission ist die Nachfrage nach Aktien, die an die Börse gebracht werden sollen, höher als das Angebot
Umsatz	Summe aller Erlöse eines Unternehmens aus dem Verkauf, der Vermietung und der Verpachtung von Produkten und Dienstleistungen
Wall Street	Sitz der New Yorker Börse; wird häufig synonym für den amerikanischen Aktienmarkt verwendet
Xetra	Elektronisches Handelssystem der Frankfurter Wertpapierbörse
Zeichnung	Abgabe eines Angebots für Aktien, die im Rahmen einer Neuemission neu an die Börse kommen

STICHWORTVERZEICHNIS

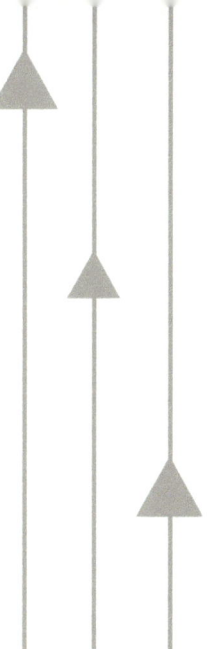

LITERATURTIPPS

Die folgenden Bücher empfehlen wir als ergänzende Lektüre zu den verschiedenen Themengebieten. Die Liste ist natürlich rein subjektiv und erhebt keinerlei Anspruch auf Vollständigkeit:

Börse allgemein:

Joel Greenblatt:
Die Börsen-Zauberformel

Phil Town:
Regel Nummer 1

William O'Neil:
Wie man mit Aktien Geld verdient

André Kostolany
Das ist die Börse

Peter Lynch:
Der Börse einen Schritt voraus

Jessica Schwarzer:
Einfach erfolgreich anlegen

Charttechnik, Technische Analyse:

Markus Horntrich:
Crashkurs Charttechnik

John J. Murphy:
Technische Analyse der Finanzmärkte

Michael Voigt:
Das große Buch der Markttechnik

Barbara Rockefeller:
Chartanalyse für Dummies

Trading

Sebastian Steyer:
Crashkurs Trading

Giovanni Civivelli:
Beruf(ung) Trader

200 Seiten, broschiert
17,90 [D] / 18,40 [A]
ISBN: 978-3-938350-57-7

Markus Horntrich:
Crashkurs Charttechnik

Der vierte Band der „Crashkurs"-Reihe. Zunächst behandelt
AKTIONÄR-Chefredakteur Markus Horntrich Grundlagen wie
„Trend", „Unterstützung", „Widerstand", „Trendbestätigung"
und „Trendumkehr". Dann geht er auf wichtige Indikatoren ein
und arbeitet grundlegende charttechnische Formationen heraus.
Ein Standardwerk für Einsteiger und Fortgeschrittene.

208 Seiten, broschiert
17,90 [D] / 18,40 [A]
ISBN: 978-3-86470-019-4

Sebastian Steyer:
Crashkurs Trading

Sebastian Steyer führt Sie an das Thema „aktive Geldanlage" heran. Er beleuchtet zahlreiche grundlegende Sachverhalte, geht aber auch ins Detail: Trading-Alltag, Trading-Instrumente, Broker, Risiko- und Money-Management, Chartanalyse und einfache Handelssysteme. Nach der Lektüre sind Sie fit für den Start Ihrer eigenen erfolgreichen Trader-Karriere.